Judith Winkler / Felix Aeschbacher

Die Macht Deiner Gedankenkraft

Wege zur Selbstfindung

Oesch Verlag

CIP-Titelaufnahme der Deutschen Bibliothek

Winkler, Judith:

Die Macht Deiner Gedankenkraft:
Wege zur Selbstfindung /
Judith Winkler ; Felix Aeschbacher. –
Zürich : Oesch, 1990
ISBN 3-85833-377-8

NE: Aeschbacher, Felix:

Schutzumschlag: Heinz von Arx, Zürich

Satz: Jung Satz Centrum, Lahnau
Druck und Bindung: Franz Spiegel Buch GmbH, Ulm
Printed in Germany

ISBN 3-85833-377-8

Gewidmet in tiefer Dankbarkeit
Doris Aeschbacher

Inhaltsübersicht

Vorwort

So wie in einem Staate die Überwachung, Kontrolle und Aufrechterhaltung der Ordnung nur möglich ist durch ein funktionierendes Nachrichtensystem, so braucht es ein solches auch in unserem Organismus. Unsere vielen Milliarden Zellen mit ihren ganz unterschiedlichen Aufgaben, Formen und Funktionen, die zu Organen oder Geweben zusammengeschlossen sind, können nur ganzheitlich und harmonisch zusammenarbeiten, wenn ihre oberste Befehlsstelle, d. h. unser Gehirn und Geist, entsprechend arbeitet.

Man vergleicht den Menschen gerne mit einem Kutschengefährt. Dabei stellt unser Körper den Wagen, die Pferde unsere Seele, der Kutscher und Lenker unseren Geist und die Zügel zu den Pferden unsere Nerven dar. So wie in diesem Bild alles aufeinander einwirkt und für eine gute Fahrt Harmonie herrschen muß, so auch in unserem Körper. Gewiß haben wir in den letzten 100 Jahren vielleicht zu stark unsere Kutsche, d. h. den Körper, behandelt und den Kutscher etwas vergessen. Heute schlägt das Pendel eher nach der entgegengesetzten Seite aus, indem vielleicht zu stark in allem der psychische Hintergrund gesucht wird. Es sind aber immer alle Faktoren und Einwirkungen aufeinander zu beachten. So kann ein Achsenbruch der Kutsche nicht ohne Auswirkungen auf den Kutscher oder die Pferde ablaufen. Das heißt auf unseren Körper übertragen, es wirkt auch hier alles auf alles.

Als der Forscher Humboldt im letzten Jahrhundert auf einer Orinokoforschungsreise seine Träger zu einem Gewaltmarsch antreiben mußte, verlangten sie nachher eine längere Ruhepause mit der Begründung, daß durch das forsche Tempo des Marsches ihre Seelen zurückgeblieben seien und sie deshalb warten müßten, bis diese sie wieder erreicht hätten. Ähnlich ist es bei unserer technischen Entwicklung und in unserer Medizin, wo scheinbar die Seelen zurückgeblieben sind und wir plötzlich heute wieder die große Bedeutung und vor allem den großen Heilfaktor aller dieser psychologischen Methoden erkennen. Es besteht gar kein Zweifel, daß wir hier einen großen Nachholbedarf haben und gerade mit einem solchen Buch sehr viel erreichen können.

Leider hatten wir – und haben wir noch immer – zuwenig Anleitungen und auch Methoden zur Ausnützung der großen Heilkraft der Seele, die brach in uns liegt. Wir sind im Geiste des vergangenen Materialismus aufgewachsen, der das letzte Jahrhundert beherrscht hat und der immer noch seine Fangarme ausstreckt und uns nur zu leicht auch erfassen kann.

In diesem Buch *Die Macht Deiner Gedankenkraft* erlernen wir spielend leicht und mit einfachen Ausdrücken, wie alle unsere Körperzellen und Vorgänge durch entsprechende psychologische Methoden beeinflußt werden können. Unsere Gedanken sind die leitende, kontrollierende und beherrschende Kraft, die nicht hoch genug eingeschätzt werden kann. Wir lernen von der einfachen Suggestion über das autogene Training, Hypnose, Imagination auch die Erreichung des Alpha-Zustandes. Hier öffnen sich die Pforten zum großen Heiler, unserem Unterbewußtsein, das wir mit verschiedenen Techniken wie z. B. Bildschirmtechnik, Gebet, Meditation etc. zu unserem Ziele brauchen können.

Wenn auch der Osten uns in dieser Beziehung voraus ist und viele Techniken östlicher Herkunft sind, wie Yoga, der achtstufige Plan des Patanjali etc., so erfahren wir trotzdem darin auch, wie wir beten und meditieren sollen.

Es sind dies Wege und Hilfsmittel, die unserer allgemeinen Natur entsprechen und uns den Schlüssel bringen für den Tresor, wo Gesundheit, Glück und Wohlergehen versteckt liegen. Es sind Wege, Urheilmittel, die hier leicht verständlich und vor allem für jedermann praktikabel beschrieben werden.

Meist müssen wir diese verschiedenen Methoden in einzelnen Büchern mühsam zusammensuchen. Es ist daher sehr zu begrüßen, daß wir hier alles in einem Buch kurz und klar vor uns haben. Auch die Anordnung und Gliederung ist übersichtlich und ansprechend, so daß man sich leicht zurechtfindet und auch nach Belieben nur einzelne dieser Goldkörner herauspicken kann, falls man gezielt nach einer Methode sucht, von der man vielleicht etwas gehört hat oder die einen besonders anspricht. Die Stichworte am Rande unterstreichen die Übersicht, lockern den leicht leserlichen und verständlichen Text auf. Die positive Grundhaltung mit ermunternden und hilfreichen Anleitungen muß jeden begeistern und mitreißen.

Die große Macht der Gedanken zeigt der »Löffelbieger« Uri Geller sehr überzeugend. Er kann allein mit seinem Geist das Metall der Löffel schmelzen und biegen, kann die Kompaßnadel bewegen und Pflanzensamen in seiner Hand zum Sprießen bringen. Mit Recht sagt er deshalb, daß wir um so mehr Einfluß und Kontrolle auf unsere Zellen ausüben könnten, da wir schließlich mit unserer Seele diesen Körper aufgebaut und immer auch weiter kontrollieren würden.

Dieses kleine Buch hilft mit, diese ungeheuren Kräfte in uns zu erkennen, und zeigt uns, wie wir sie auch im Alltag brauchen und zu unserem größten Nutzen anwenden können.

Dr. med. Karl Suter FMH
Leitender Arzt der Privatklinik
Bircher-Benner, Zürich

1 Wir und das Schicksal

Mit der Frage nach der Sinnhaftigkeit des Lebens taucht auch die Frage auf: Was ist Schicksal?

Im herkömmlichen Sinne definiert, bedeutet dieses Wort etwas Unausweichliches, Unheilvolles und Unabänderliches.

Deshalb glauben die meisten von uns, ihr Schicksal nie beeinflussen zu können. Sie kommen sich ausgeliefert vor – wähnen sich als Spielball der unermeßlichen Schicksalsmächte und des Zufalls.

Doch so ist es nicht. Wir sind ein Teil des großen Ganzen – des Universums. Das Universum wiederum muß im Sinne des Wortes Kosmos verstanden werden, das Ordnung bedeutet. In diesem Kosmos geht alles gesetzmäßig vor sich. Nichts ist Zufall, denn jeder Zufall würde in dieser Ordnung zum totalen Chaos führen.

Schon Schiller sagte:

»Es gibt keinen Zufall!
Und das, was uns blindes Ungefähr nun dünkt,
Gerade das steigt aus den tiefsten Quellen ...«

Definition: Schicksal

Damit wird uns klar, daß selbst unser Schicksal nur ein Ausdruck jener gesetzmäßig ablaufenden kosmischen Ordnung sein kann, die sozusagen »einprogrammiert« wurde. Doch »einprogrammiert« von wem?

Die Antwort finden wir bald. Wir sind im Begriffe, den esoterischen Weg* zu gehen. Es ist ein Weg der Entwicklung, auf dem wir erkennen, daß wir allein die Verursacher, Träger und Überwinder unseres Schicksals sind.

In dieser Erkenntnis liegt unsere große Chance. Ergreifen wir sie. Nehmen wir unser Schicksal bewußt in die Hand, indem wir uns nach und nach aus der Verhaftung im kleinlichen Ich lösen und zu unserem wahren Selbst vorstoßen.

* Esoterik = kommt aus dem Griechischen: esoters (der Innere) und ist als »Weg zur Verinnerlichung« zu verstehen.

2 Vorstufen zum Selbst

2.1 Die Kraft unserer Gedanken

Diese »...tiefsten Quellen«, von denen Schiller spricht, sind unsere Gedanken. Und Gedanken sind Kräfte! Emerson, ein amerikanischer Philosoph (1803–1882), drückte es so aus:

»Der Gedanke ist die eigentliche geistige Großmacht, die die Welt beherrscht. Er ist stärker als jede andere Kraft, mächtiger als alle Materie.«

Gedanken sind Kräfte, die in uns wohnen und aus uns heraus wirksam werden. Wer diese Kräfte sinnvoll einsetzen möchte, muß lernen, seine Gedanken zu beherrschen. Nicht umsonst heißt es:

Wer seine Gedanken beherrscht, beherrscht sein Schicksal.

2.1.1 Wie sollen wir denken?

Die Gestaltung unseres Schicksals hängt vor allem davon ab, wie wir denken – ob positiv oder negativ.

Auswirkung positiver und negativer Gedanken

Positive Gedanken	*Negative Gedanken*
– bauen uns auf, – kräftigen und stärken uns, – geben uns Freude und Harmonie, – festigen unseren Charakter und unsere Gesundheit und – bringen Glück und Erfolg in allen Bereichen des Lebens.	– zerstören uns, – verunsichern uns, – verbittern uns, – nehmen uns Kraft, – stehlen uns Zeit, – schwächen unsere Gesundheit und – stürzen uns in Verzweiflung und Disharmonie.

Jeder Gedanke ist eine Ursache, die nach Verwirklichung strebt!

Denken wir positiv, so werden wir folgerichtig eine positive Wirkung erfahren. Denken wir jedoch negativ, werden auch die Auswirkungen negativ sein.

Daraus erkennen wir, wie ungeheuer wichtig es ist, richtig, d. h. positiv, zu denken.

Lassen wir uns aber nicht entmutigen, wenn uns das positive Denken anfangs schwerfällt. Bis jetzt haben wir es ja nirgends gelernt. In der Schule wurden wir zwar mit allerlei theoretischen Dingen konfrontiert – wie etwa analytischer Mathematik, lateinischen Verben und chemischen Formeln –, aber mit dem positiven Denken hat uns niemand vertraut gemacht.

Erschwernisse beim positiven Denken

Erschwerend für unsere Übungspraxis sind auch die negativen Meldungen und Bildberichte, mit denen uns die Massenmedien überhäufen.

Blättern wir doch einmal in einer Tageszeitung, und wir werden feststellen, daß schon allein die Schlagzeilen dazu angetan sind, uns in eine negative Stimmung zu versetzen.

Ähnliches bewirken Fernsehsendungen. Auch sie sind größtenteils nicht in der Lage, uns harmonisch und freudvoll zu stimmen.

Wir haben also mit unseren Gedanken eine ganze Fülle negativer Eindrücke zu neutralisieren, die im Laufe eines Tages auf uns einströmen. Und das ist wahrlich nicht leicht, denn wir gleiten nur allzurasch in eine aggressive Geisteshaltung ab.

Doch gerade das sollten wir durch beständige Gedankenkontrolle vermeiden. Halten wir uns stets vor Augen, daß *wir* unsere Zukunft *gedanklich* formen.

Wenn wir uns immer wieder in die Tiefe von Aggression und Disharmonie hinabziehen lassen, hat das unweigerlich Folgen.

Unser Leben ist das Spiegelbild unserer Gedanken.

Es liegt also an uns, ob wir in Zukunft glücklich, froh und gesund oder verzweifelt und vielleicht sogar krank sein werden.

Wir müssen nur lernen, positiv zu denken.

2.1.2 Wann sollen wir damit beginnen?

Sofort beginnen, nichts hinausschieben

Zugegeben, positives Denken erfordert viel Disziplin, und es braucht seine Zeit, bis wir echte Erfolge verzeichnen können. Trotzdem sollten wir die Mühe nicht scheuen und sofort damit beginnen.

Nehmen wir uns kein Beispiel an jenen, die solch

entscheidende Dinge immer wieder hinausschieben, weil sie meinen, das Leben beginne für sie erst, wenn die Schule abgeschlossen ist ..., sie im Beruf sattelfest sind ..., das Haus fertig gebaut ist ..., die Kinder erwachsen sind ...

Und ehe sie sich's versehen, ist der größte Teil ihres Lebens vertan, und sie warten noch immer auf den eigentlichen Beginn.

Schon Marc Aurel sagte:

»Handle nicht, als hättest du noch tausend Jahre zu leben!«

Übertragen auf uns, bedeutet das:

Wenn wir unser Leben wirklich ändern wollen, wenn wir erfolgreich und glücklich sein wollen, dann müssen wir die Dinge, die wir als richtig erkannt haben, *ohne Aufschub* tun.

2.1.3 Wie überwinden wir das Negative?

Machen wir es uns zur Aufgabe, das Positive zu fördern und das Negative zu überwinden.

Das ist allerdings leichter gesagt als getan, denn trotz unserer besten Vorsätze tritt vielfach gerade das Gegenteil von dem ein, was wir erreichen wollen. Diese Erfahrung mußte auch Apostel Paulus machen:

»Das Gute, das ich will, das tue ich nicht, aber das Böse, das ich nicht will, das tue ich.«

Wie kommt das? – Die Erklärung dafür ist einfach. Die meisten von uns begehen einen gravierenden Fehler: Sie bekämpfen das Negative krampfhaft und aktivieren damit das Prinzip des Gegenwillens, wodurch genau das herbeigeführt wird, was sie eigentlich vermeiden wollen.

Prinzip des Gegenwillens

Dazu ein Beispiel:

Ein Radfahrer fährt gegen ein Hindernis, obwohl er sich krampfhaft bemüht hat, auszuweichen.

Warum? Weil seine Gedanken nicht voll Vertrauen auf seine Fahrkünste, sondern negativ auf das Hindernis gerichtet sind.

Auszuschalten ist also nicht etwa der Wille (auch positives Denken ist ein Willensakt!), sondern nur der negative Abwehrwille, d. h. die auf Fehler ausgerichtete, falsche Denkweise.

Im praktischen Sinne bedeutet das:

Überwindung des Negativen

Wir müssen das Negative als einen Teil unserer Persönlichkeit akzeptieren, dürfen es also nicht verdrängen. Es läßt sich nur überwinden, indem wir das Gegenteil, das Positive, bejahen.

Um das besser zu verstehen, ein weiteres Beispiel:

Nehmen wir an, wir befinden uns mit jemandem im Konflikt, weil er Eigenschaften und Verhaltensweisen hat, die uns stören oder verletzen und kränken.

Es wäre jetzt falsch, krampfhaft über diese negativen Dinge hinwegzusehen und sie damit verdrängen zu wollen.

Statt dessen ist es wichtig, die positiven Seiten dieses Menschen zu erkennen, sich ihnen zuzuwenden und sie dankbar zu bejahen. Seine negativen Eigenschaften werden dadurch für uns mehr und mehr an Gewicht verlieren, weil wir lernen, das Positive an ihm zu schätzen und ihn so anzunehmen, wie er eben ist.

Ziel: Bejahung des Positiven

Unser Ziel ist also die Bejahung des Positiven.

Daran müssen wir uns gewöhnen. Unsere negativen Gedanken können nur so lange lebendig sein, als wir ihnen Interesse entgegenbringen. Sobald wir ihnen keine Aufmerksamkeit mehr schenken, erhalten sie auch keine geistige Nahrung mehr und »verhungern«.

Anleitung und Hinweise zur Übungspraxis

Der erste Schritt unserer Übungspraxis ist die Umstellung vom negativen zum positiven Denken.

Übung zum positiven Denken

Übung: positives Denken

Versuchen wir, einen Tag lang nur positive Gedanken zuzulassen.
Umfassen wir mit unserem positiven Denken alle Bereiche unseres Lebens: Familie, Beruf, Freunde, Gesundheit, Zukunft ...
Bekämpfen wir auftauchende negative Gedanken nicht krampfhaft, sondern wenden wir uns voll Liebe und Vertrauen dem Positiven zu, und bejahen wir es.

Wiederholen wir diese Übung mit Beharrlichkeit, und dehnen wir den Übungszeitraum immer weiter aus: auf mehrere Tage, eine Woche, einen Monat ...

Dadurch wird uns das positive Denken nach und nach zur Gewohnheit, bis es schließlich automatisch funktioniert.

So schwer uns das Üben am Anfang auch fallen mag, der Erfolg ist uns sicher.

Das beständige Üben macht uns zum Meister unserer Gedanken und gibt uns ein ungeheures Kräftepotential.

2.2 Die Psychodynamik

Haben wir die ersten Erfolge im positiven Denken zu verzeichnen, so sind wir auf dem besten Weg zur Psychodynamik.

Ursprung

Dieses Wort kommt aus dem Griechischen und setzt sich aus *psyche* = Seele und *dynamis* = Kraft zusammen.

Definition: Psychodynamik

Psychodynamik bedeutet also: Kraft (Macht) der Seele durch Gedanken.

Und damit ist nicht zuviel versprochen, denn mit Hilfe der Psychodynamik können wir tatsächlich die Kräfte unserer Seele mobilisieren und unsere Gedanken in die richtigen Bahnen lenken.

Auch hier fassen wir den Vorsatz, aktiv positiv umzudenken, was uns nach beharrlichem Üben gar nicht mehr so schwerfallen wird.

Doch dann gehen wir einen Schritt weiter:

Vergessen durch Ablenkung

Wir haben alle schon erlebt, daß wir bestehende Mißstände vergessen, wenn wir durch ein überraschendes Ereignis abgelenkt werden. Dieses Prinzip des Vergessens durch Ablenkung können wir uns zur

Methode machen, indem wir uns einfach anderen Dingen zuwenden.

Schon Kant, der berühmte Philosoph aus Königsberg (1724–1804), empfiehlt in seinen Schriften die Hinwendung auf ein anderes Objekt.

Verdrängen wir aber nicht das Negative, sondern wenden wir uns bewußt dem Positiven zu.

Ziel: dynamische Verwirklichung lebendiger, positiver Vorstellungen

Damit folgen wir dem von der Psychodynamik gelehrten Prinzip der Konzentration auf lebendige, positive Vorstellungen, die von uns bejaht werden und dadurch zur dynamischen Verwirklichung führen.

Anleitung und Hinweise zur Übungspraxis

Erweitern wir nun unser positives Denken, indem wir es mit positiven Vorstellungen verbinden.

Übung zum plastisch-dynamischen Denken

Versuchen wir es mit folgender Übung:
Nehmen wir uns vor, einen ganzen Tag lang aktiv positiv zu denken.
Betreiben wir absolute Gedankendisziplin; d. h., lösen wir jeden negativen Gedanken, der in unser Bewußtsein eintritt, sofort behutsam durch einen positiven, gefühlsbetonten ab.
Wenden wir uns voll und ganz positiven Vorstellungen zu, deren Verwirklichung wir in Gedanken ganz deutlich vor uns sehen und erleben.

Übung: plastisch-dynamisches Denken

Erweitern wir den Übungszeitraum allmählich auf mehrere Tage, eine Woche, einen Monat ...

Nach einiger Zeit werden wir feststellen, daß es eigentlich ganz einfach ist, plastisch-dynamisch zu denken, denn unbewußt tun wir es alle.

Gelingt es uns mit Hilfe der Psychodynamik, diese unbewußten Denkvorgänge zu kontrollieren und bewußt positiv zu steuern, so können wir viel damit erreichen.

Seien wir Herr unserer Gedanken, und lassen wir uns nicht durch andere beeinflussen, wie dies beispielsweise in der Suggestion der Fall ist.

2.3 Die Suggestion

Auch das Wesen der Suggestion basiert auf unbewußten und bewußten Denkvorgängen.

Das Wort Suggestion ist auf das lateinische Verbum *suggere* = unterlegen, eingeben zurückzuführen.

Ursprung

Wir verstehen darunter die Beeinflussung der Gefühls- und Geisteshaltung.

Definition: Suggestion

Diese Beeinflussung kann durch andere, aber auch durch uns selbst erfolgen. Jeder Mensch ist mehr oder weniger suggestiv beeinflußbar. Diese Fähigkeit nennt man Suggestibilität, und sie ist eine unabdingbare Voraussetzung des menschlichen Lebens und Zusammenlebens.

Kinder, deren Vorstellungswelt noch nicht voll ausgebildet ist, sind in erhöhtem Maße suggestibel. Sie verhalten sich nahezu ständig wie Erwachsene in Hypnose, indem sie Märchen und Fernsehfilme als Realität auffassen. (Diese Tatsache wird leider aus Unkenntnis in der Kindererziehung nicht immer berücksichtigt, was zu Fehlverhalten führen kann!)*

Suggestibilität von Kindern

* Siehe auch: Werner J. Meinhold: »Spektrum der Hypnose«, Seite 25.

Suggestibilität Erwachsener

Ebenso ist jeder Erwachsene auf Gebieten, die außerhalb seiner Vorstellungswelt liegen, äußerst suggestibel.

So glauben wir beispielsweise aufgrund der Autorität von Berichterstattern (aus Funk und Fernsehen) oder Autoren Dinge, die wir noch nicht gesehen haben.

Daraus entstehen in uns Vorstellungen, die nicht unbedingt den Tatsachen entsprechen müssen. Es handelt sich zwar auch hier um eine Art des plastisch-dynamischen Denkens, das aber – da nicht immer von uns kontrolliert – vielfach zu falschen Vorstellungen führen kann.

Wir werden das gleich besser verstehen, wenn wir uns mit den vier Formen der Suggestion (nach Werner J. Meinhold) auseinandersetzen:

2.3.1 Die unabsichtliche, unbewußt angenommene Suggestion

Definition: unabsichtliche, unbewußt angenommene Suggestion

Der suggestive Charakter dieser Suggestionsform ist weder dem Sender noch dem Empfänger bekannt. Hierher gehören alle Suggestionen, die ihren Ursprung in uns selbst haben, ohne daß sie uns als Autosuggestion* bewußt sind.

Dazu gibt es unzählige Beispiele:

Denken wir nur an den Medizinstudenten, der nach einer Vorlesung über Innere Medizin alle vorgetrage-

* Autosuggestion – siehe Seite 41.

nen Krankheitssymptome an sich zu erkennen glaubt und meint, die Krankheitserscheinungen auch zu verspüren.

Oder kommt es nicht immer wieder vor, daß sich jemand, dem ein Bekannter gesagt hat, daß er schlecht aussehe, plötzlich auch schlecht fühlt?

Gerade das letzte Beispiel zeigt es uns deutlich: Die Bemerkung des Bekannten ist keineswegs als Suggestion gemeint gewesen, ist aber dennoch vom Empfänger zur Negativsuggestion ausgearbeitet worden.

Natürlich sind bei der unabsichtlichen, unbewußt angenommenen Suggestion auch positive Ergebnisse möglich – etwa im Zusammenhang mit der Einnahme von Medikamenten:

So wirken Medikamente vielfach nur deshalb, weil der Arzt die Verordnung – ohne eine Absicht damit zu verfolgen – entsprechend suggestiv unterstützt (z. B. durch eine Bemerkung über bereits erzielte Heilerfolge).

Einen ähnlichen suggestiven Effekt können Beipackzettel erzielen, wenn die darin enthaltenen Angaben über die Wirkungsweise eines Medikamentes den Eigenvorstellungen des Patienten entsprechen.

2.3.2 Die absichtliche, unbewußt angenommene Suggestion

Definition: absichtliche, unbewußt angenommene Suggestion

Hier ist wohl dem Suggestor, nicht aber dem Adressaten bekannt, daß es sich um eine Suggestion handelt.

Mit den Mitteln dieser Suggestionsform arbeiten zum Beispiel die Vertreter von Staat und Kirche und die Werbebranche.

2.3.3 Die unabsichtliche, bewußt angenommene Suggestion

Definition: unabsichtliche, bewußt angenommene Suggestion

In diesem Fall wirkt auf den Empfänger ein Reiz (ein Wort, eine Maßnahme) als Suggestion, der vom Suggestor gar nicht als solche gemeint ist.

Das folgende Beispiel soll verdeutlichen, welche Wirkung ein solcher Suggestionsreiz haben kann:

In einem mit vielen Betten ausgestatteten Saal eines Krankenhauses liegt ein Schwerkranker, der nach Ansicht der Ärzte nur noch wenige Tage oder gar nur Stunden zu leben hat.

Der Chefarzt macht mit seinem Ärzteteam Visite, bleibt bei jedem Patienten stehen und richtet ein paar persönliche Worte oder Fragen an ihn.

Als er zum Bett des Todkranken kommt und am Zustand des Patienten zu erkennen glaubt, daß es wenig Sinn hat, sich weiter um ihn zu kümmern, bemerkt er zu seinen Kollegen nur kurz: »Moribundus!« (auf deutsch: ein Sterbender!) und geht zum nächsten Krankenbett weiter.

Der Sterbenskranke beherrscht die lateinische Sprache nicht, meint aber aus der rasch hingemurmelten Bemerkung des Chefarztes das Wort »Gesundung« herausgehört zu haben. Er schließt daraus, daß er sich auf dem Weg der Gesundung befinde und es der Chefarzt daher nicht mehr für notwendig erachtet habe, sich auch mit ihm eingehender zu befassen.

Der Patient ist voll frohen Mutes, glaubt ab diesem Augenblick ganz fest an seine Genesung und ist tatsächlich – zum Staunen der Ärzteschaft – eine Woche später gesund.

Wir ersehen daraus, daß eine falsch gedeutete Bemerkung genügt, um im Empfänger Suggestionskräfte zu mobilisieren, die bei einem Todkranken sogar zur Heilung führen können.

2.3.4 Die absichtliche, bewußt angenommene Suggestion (Autosuggestion)

Definition: absichtliche, bewußt angenommene Suggestion (Autosuggestion)

Bei dieser Suggestionsform sind sich sowohl der Suggestor als auch der Suggestionsempfänger über den Charakter des Einflusses im klaren. Das ist immer dann der Fall, wenn Suggestor und Suggestionsempfänger ein und dieselbe Person sind, es sich also um eine Autosuggestion handelt.

Allerdings ist nicht jede Autosuggestion ein bewußter Vorgang. Wird sie unbewußt eingesetzt, kann sie sehr negative Auswirkungen haben.

Wenden wir sie aber bewußt und positiv im Vertrauen auf die uns innewohnende Kraft an, dann ist das Ergebnis segensreich für uns.

Nehmen wir als Beispiel einen Regenguß:

Negative und positive Autosuggestion

Wir sind ohne Schirm unterwegs.

Denken wir nun: »O weh! Jetzt bekomme sich sicherlich einen Schnupfen!«, dann werden wir ganz gewiß in den nächsten Stunden die ersten Anzeichen des Schnupfens verspüren.

Denken wir jedoch statt dessen: »Meine Gesundheit ist gut. Ein Regenguß ist doch harmlos. Es geht mir gut!«, dann werden wir sicherlich keine Erkältung davontragen.

Wir können also durch negative Autosuggestion unsere Krankheitsanfälligkeit erhöhen oder die Genesung von bestehenden Krankheiten blockieren.

Wir können aber auch durch bewußte, positive Autosuggestionen unseren »inneren Arzt« aktivieren, d. h. unsere körpereigene Abwehrkraft so weit mobilisieren, daß wir Krankheiten vorbeugen oder von ihnen gesunden.

Ein weiteres Beispiel dafür lieferte uns Napoleon:

Von ihm ist bekannt, daß er sich bedenkenlos zu leprakranken Soldaten legte, weil er fest davon überzeugt war, so gesund zu sein, daß er sich bestimmt nicht anstecken werde.

Er erkrankte tatsächlich nicht an Lepra.

Das wohl eindrucksvollste Beispiel ist jedoch jene Begebenheit, durch die der französische Apotheker

Émile Coué (1857–1926) begann, sich mit dem Wesen der Autosuggestion zu befassen:

Émile Coué

Eines Tages betrat ein alter Mann Coués Apotheke und klagte ihm sein Leid. Er habe starke Gelenkbeschwerden, sei schon jahrelang in ärztlicher Behandlung, doch leider vergeblich. Die Beschwerden vertieften sich von Tag zu Tag. Deshalb wende er sich nun vertrauensvoll an ihn, den Apotheker. Er habe doch einen Überblick über alle Arzneien und wisse sicherlich die richtige für ihn.

Das ihm entgegengebrachte Vertrauen brachte Coué zunächst in arge Verlegenheit. Er wußte wirklich nicht, was er dem Patienten verabreichen sollte, der doch alle für ihn in Frage kommenden Medikamente bereits von den Ärzten verordnet bekommen hatte. Andererseits wollte er den Mann, der so viel Hoffnung in ihn gesetzt hatte, nicht enttäuschen. So mixte er einige Kräuterextrakte zusammen und gab sie dem Patienten mit einer genauen Dosierungsanweisung.

Zu Coués Erstaunen erschien der Mann eine Woche später und berichtete, daß sich seine Beschwerden erheblich gebessert hätten.

Das stimmte Coué nachdenklich. Ab diesem Zeitpunkt setzte er sich intensiv mit der Autosuggestion auseinander und fand heraus, daß hier nicht etwa der Wille, sondern die Kraft der positiven Vorstellungen (z. B. die Vorstellung zu gesunden), die durch eine entsprechende Formel verbal unterstützt wird, für den Erfolg entscheidend ist.

Coué machte Vortragsreisen durch ganz Europa und konnte durch die Erläuterung des Prinzips der Autosuggestion vielen Menschen Heilung von langwierigen Krankheiten oder die Lösung schwieriger Probleme bringen.

Dank Coués Pionierarbeit wird die Autosuggestion bis zum heutigen Tage erfolgreich als Methode zur Problemlösung eingesetzt. Sie kann von jedermann angewendet und jedem empfohlen werden.

Auch wir werden die Erfahrung machen, daß wir mit Hilfe der Autosuggestion nicht nur den Verlauf von Krankheiten, sondern alle Bereiche unseres Lebens bewußt positiv beeinflussen können.

Anleitung und Hinweise zur Übungspraxis

Übungen zur Autosuggestion

Übungen: Autosuggestion

Beginnen wir mit einem Standardsatz Coués: »Es geht mir mit jedem Tag und in jeder Hinsicht immer besser und besser!«

Wenn wir gesundheitliche Probleme haben, eignet sich auch folgende Formel:

»Meine Gesundheit wächst mit jedem Tag, und mit meiner Gesundheit wächst meine innere Kraft!«

Keine Verneinung, kein Widerspruch, keine Voraussagen

Anmerkung: Solche Formeln dürfen keine Verneinung, keinen Widerspruch und keine Voraussagen (z. B. falsch: »Ich werde gesund sein!«, »Es wird alles gut werden!«) beinhalten, sondern sollen mit der positiven Zielrichtung in der Gegenwartsform (z. B. richtig: »Ich bin gesund!«, »Es ist alles gut!«) abgefaßt sein.

Wiederholen wir die von uns gewählte Suggestionsformel halblaut 20mal abends vor dem Einschlafen und 20mal morgens nach dem Aufwachen. Durch das halblaute Sprechen und zugleich Hören wird sie in verstärktem Maße von unserem Unterbewußtsein aufgenommen. Sie wird dadurch zum Inbegriff einer positiven Grundhaltung, die keinen Raum mehr läßt für negative Gedanken und gemeinsam mit einer uns durchdringenden positiven Vorstellung erstaunliche Kräfte in uns aktiviert.

2.4 Kontakt mit dem Unterbewußtsein

Unser Unterbewußtsein ist ein treuer Diener und Helfer, solange wir verstehen, es richtig zu lenken. Da es keine Unterscheidungskraft besitzt, handelt es kritiklos gemäß unseren Anweisungen. Und diese Anweisungen sind unsere Gedanken. Die Impulse, die wir damit setzen, werden in der Tiefe des Unterbewußtseins verarbeitet und reflektiert.

Sind die Anweisungen klar, kann ihnen unser Unterbewußtsein mühelos folgen. Sind sie jedoch ungenau oder gar wechselhaft und widersprüchlich, so wird es mit ihnen nichts anfangen können und völlig konfus reagieren. Ein ähnliches Chaos entsteht, wenn wir unser Unterbewußtsein ständig mit negativen Gedanken überschütten, die zwangsläufig eine negative Auswirkung haben müssen.

So wie ein schlechter Steuermann schließlich die Herrschaft über sein Schiff verliert, werden auch wir die Führung über unser Unterbewußtsein verlieren, das – nun herrenlos geworden – zur schier unbezwingbaren Macht wird, die wie ein Naturereignis über uns hereinbricht.

Wir sehen also: Auch hier ist es wichtig, daß wir unsere Gedanken kontrollieren.

Nur wenn wir Herr über unsere Gedanken sind, sind wir auch Herr über unser Unterbewußtsein.

Lassen wir daher nicht zu, daß unser Unterbewußtsein weiterhin führungslos hin- und hergepeitscht wird und wir – wie von einem Strudel erfaßt – mitgerissen werden, sondern nehmen wir fest entschlossen das »Steuer« wieder in die Hand.

Durch beständiges, konsequentes Üben können wir unser Unterbewußtsein dazu bringen, unseren positiven Leitgedanken zu folgen.

Was immer wir beharrlich und bewußt denken und tun, prägt sich tief in unser Unterbewußtsein ein.

Auf diesem Prinzip baut unser Übungsweg auf. Allmählich wird sich das Unterbewußtsein an unsere neue Linie gewöhnen und sie beibehalten, ohne daß wir weiterhin bewußt daran denken müssen.

Solchermaßen geschult, wird es unser bester Freund.

Anleitung und Hinweise zur Übungspraxis

Schulen können wir unser Unterbewußtsein allerdings nur, wenn es uns gelingt, Kontakt mit ihm aufzunehmen. Und das ist erstaunlich einfach.

Herstellung des Erstkontaktes

Übung: Herstellung des Erstkontaktes mit dem Unterbewußtsein

Setzen wir uns ganz bequem hin.
Unsere Arme und Beine sind locker und entspannt* und sollen nicht überkreuzt sein.
Schließen wir die Augen, und lassen wir es ganz ruhig atmen.
Atmen wir nun dreimal tief ein und aus.
Spüren wir, wie ein Gefühl der Entspannung durch unseren ganzen Körper fließt.
Wenden wir uns jetzt in Gedanken an unser Unterbewußtsein, und sagen wir ihm, daß wir ab sofort einen Kontakt mit ihm wünschen.
Fragen wir es nach seinem Namen.
Den ersten Namen, der uns in den Sinn kommt, registrieren wir. Es kann ein richtiger Name sein oder eine andere Bezeichnung.
Fragen wir unser Unterbewußtsein, ob es mit diesem Namen angesprochen werden möchte.
Warten wir ein Zeichen der Zustimmung ab.
Beenden wir dann den ersten Kontakt, indem wir uns bedanken und dem Unterbewußtsein sagen, daß wir jetzt öfter mit ihm in Kontakt treten werden.

* Auf die Entspannung werden wir in Abschnitt 2.5 »Entspannungsformen«, Seite 53, noch detailliert eingehen.

Jede weitere Kontaktnahme

Ist es gelungen, einen ersten Kontakt zu unserem Unterbewußtsein herzustellen, kann jede weitere Kontaktnahme jederzeit und an jedem Ort erfolgen. Es ist zwar sicherlich von Vorteil, wenn wir dazu wieder eine entspannte Sitzhaltung einnehmen, sie ist aber nicht mehr unbedingt erforderlich; vor allem dann nicht, wenn wir bereits auf eine längere erfolgreiche Übungspraxis zurückblicken. Wichtig ist nur, daß wir in unserem Denken und Wollen entspannt sind.

Zweck jeder weiteren Kontaktnahme wird es sein, unser Unterbewußtsein zur Mitarbeit bei der Realisierung von Wünschen und guten Vorsätzen oder bei der Lösung von Problemen zu bewegen. Allerdings ist dabei jedes krampfhafte Wollen zu vermeiden. Es würde das, was wir erreichen möchten, nur blockieren.

Kein krampfhaftes Wollen

Achten wir auch gewissenhaft darauf, daß wir mit den Anliegen, die wir an unser Unterbewußtsein herantragen, stets im Einklang mit der Schöpfung stehen – zum Wohle aller.

Im Einklang mit der Schöpfung

Mißbrauchen wir die Kraft unseres Unterbewußtseins nie für die Verwirklichung negativer Wünsche, die anderen Nachteil oder gar erheblichen Schaden bringen können.

Das hätte zweifelsohne karmische Folgen* für uns.

Positives Denken ist demnach auch in der Zusammenarbeit mit dem Unterbewußtsein unabdingbar.

Prinzipiell können wir aber davon ausgehen, daß es

*** Karmische Folgen – siehe Kapitel 5 »Karma und Schicksal«, Seite 159.**

stets bereit ist, uns zu helfen (Tepperwein). Lassen wir also diesbezüglich nie auch nur die Spur eines Zweifels aufkommen. Vermeiden wir es daher auch ganz bewußt, unser Anliegen an das Unterbewußtsein als »Bitte um Hilfe« zu formulieren. (Eine solche Bitte birgt nämlich schon die Unsicherheit in sich, ob sie gewährt werden wird!)

Vertrauen, feste Überzeugung

Wenden wir uns vielmehr voll Vertrauen und mit der festen Überzeugung an unser Unterbewußtsein, daß uns mit seiner Unterstützung die Verwirklichung unserer Wünsche oder die Lösung unseres Problems gelingen werde.

Keine Widersprüche, keine Verneinungen, keine Voraussagen

Vermeiden wir bei der Formulierung unseres Anliegens Widersprüche, Verneinungen (z. B. falsch: »Ich habe kein Fieber mehr!«; richtig: »Ich habe Normaltemperatur!«) und Voraussagen (z. B. falsch: »Ich werde gesund sein!«), sondern verwenden wir die Gegenwartsform (z. B. richtig: »Ich bin gesund!« oder »Meine Gesundheit bessert sich mit jedem Tag!«).

Wenn wir all dies beachten, wird jede weitere Kontaktnahme erfolgreich verlaufen. Gehen wir dabei folgendermaßen vor:

Übung: weiterer Kontakt mit dem Unterbewußtsein

Rufen wir unser Unterbewußtsein bei seinem Namen, und sagen wir ihm, daß wir mit ihm sprechen wollen.
Bedanken wir uns für seine Bereitschaft, mit uns in Kontakt zu treten.
Tragen wir ihm unser Anliegen vor, und versichern wir ihm, daß wir fest davon überzeugt sind, gemeinsam mit ihm das Ziel unseres Wunsches zu er-

reichen (oder eine Lösung unseres Problems zu finden).*
Bedanken wir uns dann dafür, daß wir stets mit seiner Unterstützung rechnen dürfen.
Loben wir es, und sagen wir ihm, wie glücklich wir sind, in ihm einen so zuverlässigen Freund zu haben.
Versprechen wir ihm, es bald wieder zu kontaktieren.

Ständiger Kontakt

Wenden wir uns recht oft an unser Unterbewußtsein. Der ständige Kontakt mit ihm ist sehr wichtig, weil es sich sonst »einsam« fühlt.

Danken, loben

Vergessen wir nie, ihm zu danken und es ausgiebig zu loben. Unser Unterbewußtsein ist ein unendlich empfindsames »Wesen«, das viel Bestätigung und Anerkennung braucht.

Verwöhnen

Es will auch verwöhnt werden. Wenn wir herausgefunden haben, was es besonders gerne hat, können wir es damit belohnen.

Es wird uns seinerseits dafür danken, indem es uns jederzeit treu zur Seite steht.

* **Zum Beispiel: »Ich habe einen Konflikt mit XY. Ich bin fest davon überzeugt, daß es mir gemeinsam mit dir gelingen wird, diesen Konflikt zu lösen.«**

2.5 Entspannungsformen

Unser ganzes Leben ist ein Wechselspiel zwischen Anspannung und Entspannung. Da wir eine Einheit von Körper, Seele und Geist darstellen, wirken Anspannung und Entspannung auf alle Bereiche unseres Seins gleichermaßen ein.

Überanstrengen wir uns beispielsweise über einen längeren Zeitraum hin durch körperliche Arbeit, so wird sich die daraus folgende Erschöpfung auch auf unsere Psyche und unseren Geist auswirken.

Dasselbe gilt sinngemäß, wenn wir geistig schwer arbeiten, ohne uns die erforderlichen Entspannungsphasen zu gönnen: Wir werden auch körperlich nicht mehr voll leistungsfähig sein und auf jede Kleinigkeit gereizt reagieren.

Verhältnis: Anspannung – Entspannung

Das Verhältnis zwischen Anspannung und Entspannung muß daher ausgewogen sein, wenn wir körperlich, seelisch und geistig im Gleichgewicht bleiben wollen.

Allerdings scheint in der Hektik unserer Zeit kein Platz mehr für Entspannung zu sein. Die meisten von uns sind sowohl beruflich aus auch privat einer ständigen Reizflut ausgesetzt und haben dadurch die Fähigkeit verloren, sich richtig zu entspannen.

Was ist Entspannung überhaupt?

Definition: Entspannung

Entspannung ist ein völliges Loslassen in physischer, psychischer und geistiger Hinsicht.

Das heißt, wir lösen uns von allem:
- Unsere Muskeln erschlaffen, und ein angenehmes Schweregefühl erfaßt unseren Körper.
- Unsere Sorgen, Ängste und Nöte sind weit weg. Nichts ist mehr wichtig.
- Unsere Gedanken fließen ruhig dahin, und völliger Frieden tritt in uns ein.

In solchen Phasen der tiefen Entspannung laden wir uns physisch, psychisch und geistig mit neuen Kräften auf.

Bewußt geübt, erschließt uns die Entspannung daher ein ungeheures Kräftepotential.

Um es uns nutzbar zu machen, wurde eine Reihe von Methoden entwickelt, von denen wir einige näher besprechen wollen.*

* Siehe auch Abschnitt 4.1.6 »Die Entspannung in der Meditationspraxis«, Seite 134.

2.5.1 Das autogene Training (nach Dr. J. H. Schultz)

Das Wort autogen kommt aus dem Griechischen und wurde aus den Begriffen

Definition: autogen

autos = Selbst
genes = entstanden
gebildet. Unter autogen ist also etwas zu verstehen, das aus dem Körper entstanden ist und nicht von außen eingebracht wurde.

Der geistige Vater des autogenen Trainings ist der Berliner Nervenarzt Dr. J. H. Schultz (1884–1970), der diese Methode aus der Hypnose entwickelte.

Nach seiner Definition handelt es sich beim autogenen Training um ein

Definition: autogenes Training

»... aus dem Selbst entstehendes Üben.«

Die Erkenntnis, daß »... der Mensch nicht aus zwei getrennten Teilen, einem irdischen Leib und einer überirdischen Seele, besteht, sondern ein einheitliches lebendiges Wesen ist, ein beseelter Organismus ...«, hat ihn zu der Überzeugung geführt, daß »... geistige Schulung jeder Art das Gesamtverhalten des Organismus zu beeinflussen ...« vermag.

Vor allem aber geht es auch bei dieser konzentrativen Selbstentspannungsmethode darum, Spannungen abzubauen und die seelische Weiterentwicklung durch das Setzen positiver Suggestionen zu fördern.

Anleitung und Hinweise zur Übungspraxis

Während des Übens sollte es behaglich warm sein. Beengende Kleidung lösen wir.

Körperhaltungen:

Die Übungen können wir sowohl im Sitzen als auch im Liegen ausführen.

Droschkenkutscherhaltung

Das ist die für das autogene Training typische Sitzhaltung.

– Haltung im Sitzen

Setzen wir uns entspannt in einen Sessel.

- **Die Füße stehen dabei leicht gegrätscht nebeneinander auf dem Boden.**
- **Die Arme ruhen locker auf den Oberschenkeln.**
- **Der Oberkörper und der Kopf sind leicht nach vorn geneigt.**
- **Die Augen sind geschlossen.**

Haltung im Liegen

Wählen wir eine möglichst harte Unterlage.

– Haltung im Liegen

Nehmen wir Rückenlage ein.

- **Die Beine sind ausgestreckt, leicht gegrätscht (nicht gekreuzt!); die Füße fallen locker auseinander.**
- **Die Arme liegen entspannt parallel neben dem Körper.**
- **Die Augen sind geschlossen.**

Eine dieser beiden Grundstellungen nehmen wir ein und behalten sie während der gesamten Übungsfolge (oder des für uns in Frage kommenden Teils) bei.

Schwereübung

Übungsfolge:

Am Beginn der Übungsfolge steht die Schwereübung. Sie dient der Muskelentspannung.

Jeder von uns kennt das wohlige Gefühl der Müdigkeit und Schwere im ganzen Körper (wie vor dem Einschlafen), das uns in einen Zustand der völligen Entspannung führt. Dieses Gefühl können wir bewußt herbeiführen.

Sagen wir uns im Geiste folgende Formeln vor:

– Formeln der Schwereübung

- **Der rechte Arm ist ganz schwer. (6 ×)**
- **Ich bin ganz ruhig. (1 ×)**
- **Der linke Arm ist ganz schwer. (6 ×)**
- **Ich bin ganz ruhig. (1 ×)**

Anmerkung: Üben wir die Schwere in den Armen etwa eine Woche lang, und gehen wir erst dann zu den Beinen über, wenn wir die Schwere in den Armen deutlich verspüren.

- **Das rechte Bein ist ganz schwer. (6 ×)**
- **Ich bin ganz ruhig. (1 ×)**
- **Das linke Bein ist ganz schwer. (6 ×)**
- **Ich bin ganz ruhig. (1 ×)**

Wenn wir das Gefühl der Schwere deutlich verspüren, können wir uns auf folgende Kurzformel beschränken:

– **Arme und Beine sind schwer. (1 ×)**
– **Ich bin ganz ruhig. (1 ×)**

Wärmeübung

Der nächste Schritt ist die Wärmeübung. Sie dient der Gefäßentspannung.

Wir erinnern uns sicherlich gerne an den Sommer und die Sonne am Meer oder den anheimelnden Kachelofen beim Winterurlaub. Auch dieses wohlige Gefühl können wir mit Hilfe der Wärmeübung reproduzieren und dadurch die Durchblutung unserer Arme und Beine verbessern.

– Formeln der Wärmeübung

Sagen wir uns im Geiste folgende Formeln vor:
– **Der rechte Arm ist ganz warm. (6 ×)**
– **Ich bin ganz ruhig. (1 ×)**
– **Der linke Arm ist ganz warm. (6 ×)**
– **Ich bin ganz ruhig. (1 ×)**

Anmerkung: Üben wir auch »die Wärme in den Armen« etwa eine Woche lang, und gehen wir erst dann zu den Beinen über, wenn wir die Wärme in den Armen deutlich verspüren.

– **Das rechte Bein ist ganz warm. (6 ×)**
– **Ich bin ganz ruhig. (1 ×)**
– **Das linke Bein ist ganz warm. (6 ×)**
– **Ich bin ganz ruhig. (1 ×)**
Wenn wir das Gefühl der Wärme in Armen und Beinen deutlich realisieren können, dann verkürzen wir wieder auf:

– **Arme und Beine sind strömend warm. (1 ×)**
– **Ich bin ganz ruhig. (1 ×)**

Herzübung

An dritter Stelle steht die Herzübung. Sie dient der Herzberuhigung.

Bitte beachten:
Wenn jemand an Herzbeschwerden jedweder Art leidet, muß er vor dieser Übung unbedingt mit einem Arzt abklären, ob die Herzformel für ihn geeignet ist. Jedes eigenmächtige Üben ist hier fehl am Platz.

Die Herzformel lautet:
– **Das Herz schlägt ruhig und regelmäßig. (6 ×)**
– **Ich bin ganz ruhig. (1 ×)**

– **Formel der Herzübung**

Atemübung

Nun kommen wir zur Atemübung. Sie dient der Atemberuhigung.

Die Formel lautet:
– **Die Atmung ist ruhig und gleichmäßig. (6 ×)**
– **Ich bin ganz ruhig. (1 ×)**

– **Formel der Atemübung**

Sonnengeflechtsübung

Eine der wichtigsten Schaltstellen des vegetativen Nervensystems ist der Plexus solaris (= das Sonnengeflecht), der in der Gegend des Magens lokalisiert ist.

Mit Hilfe der Sonnengeflechtsübung können wir Wärme in die Gegend des Solarplexus leiten und damit die Tätigkeit der Bauchorgane regulieren.

– Formel der Sonnengeflechtsübung

Die Formel lautet:
- **Das Sonnengeflecht ist strömend warm. (6 ×)**
- **Ich bin ganz ruhig. (1 ×)**

Kopfübung

Die letzte Übung ist die Kopfübung. Sie dient der Gefäßentspannung im Kopfbereich.
Bitte beachten:

Hier ist individuell vorzugehen und auf jeden Fall Rücksprache mit einem Arzt zu führen.

– Formel der Kopfübung

Je nach Entscheidung des Arztes verwenden wir eine der beiden nachstehenden Formeln.

1. Variante:
- **Der Kopf ist frei und klar. (6 ×)**
- **Ich bin ganz ruhig. (1 ×)**

2. Variante:
- **Die Stirn ist angenehm kühl. (6 ×)**
- **Ich bin ganz ruhig. (1 ×)**

Zurücknehmen

Am Abschluß einer jeden Übungsfolge ist das Zurücknehmen besonders wichtig. Es dient dazu, den tiefen Entspannungszustand, in dem wir uns befinden, aufzuheben, und wird folgendermaßen durchgeführt:

Atmen wir dreimal tief ein und aus.
Ballen wir die Hände zu Fäusten.
Strecken und beugen wir die Arme einige Male kräftig.
Öffnen wir die Augen.

Zurücknehmen

Die beschriebene Übungsfolge und das abschließende Zurücknehmen sind als Übungseinheit zu verstehen.

Selbstverständlich kann jede Übung für sich ausgeführt werden, muß aber dann mit dem Zurücknehmen enden (sofern nicht eine anschließende Ruhepause von mindestens drei Stunden vorgesehen ist!).

Etappenweise Erarbeitung der Übungsfolge

Für den Anfänger empfiehlt es sich, mit der Schwereübung zu beginnen, nach einiger Zeit die Wärmeübung dazuzunehmen und erst dann im Rahmen der Übungsfolge weiterzugehen, wenn diese beiden Übungen über einen bestimmten Zeitraum erfolgreich praktiziert worden sind.

Durch das Erlebnis der Schwere und Wärme im autogenen Training können wir eine wesentliche Erfahrung machen:

Wir erkennen und erspüren, daß unser Körper unseren Gedankenbefehlen gehorcht.

Denken wir »Schwere!«, wird es in uns so schwer, daß wir die Beine nicht mehr heben können.

Denken wir »Wärme!«, so spüren wir ganz deutlich das Strömen der Wärme.

Ähnlich wie bei den Übungen im autogenen Training funktioniert es in allen Bereichen unseres Lebens.

Was wir denken, verwirklicht sich.

Ist es da nicht wert, sich zu bemühen, richtig zu denken?

Sicherlich bedarf dies – wie alles im Leben – einer intensiven Übung. Es wird uns nichts geschenkt. Jede Fertigkeit, die wir erlangen wollen, muß trainiert werden – auch das richtige Denken. Aber die tiefe Freude über die ersten kleinen Erfolge wird uns darin bestärken, unverzagt weiterzumachen.

Und wenn wir uns vor Augen halten, um wie vieles positiver wir in Hinkunft unser Leben gestalten können, werden wir bestimmt zu der Erkenntnis kommen, daß sich die Mühe lohnt.

2.5.2 Die Hypnose

Will man den Weg abkürzen, kann man auch über Hypnose in die Entspannung und über die Entspannung in eine andere Bewußtseinslage gelangen.

Ursprung

Das Wort Hypnose stammt aus dem Griechischen: *hypnos* = Schlaf

Das kann jedoch zu Mißverständnissen führen. Bei der Hypnose handelt es sich nämlich um keinen Schlafzustand.

Wenn wir schlafen, besteht eine psychische Reaktionsarmut, werden keine Reize von uns aufgenommen und sind wir auch nicht ansprechbar.

Bei der Hypnose hingegen sind alle diese Kriterien gegeben.

Kriterien des Hypnosezustandes

Richtig definiert, ist Hypnose daher ein Zustand tiefer Entspannung mit einer erhöhten Aufmerksamkeit in Richtung der Suggestion.

Definition: Hypnose

Die gewünschte Suggestion können wir uns
- von einem Hypnotiseur geben lassen

  oder
- selbst vermitteln.

(So hat beispielsweise die Autosuggestion* den Charakter einer Selbsthypnose!)

Die Arbeit mit dem Hypnotiseur stellt eine Fremdhilfe dar. Da es jedoch für den Reifeprozeß und die seelische Entwicklung eines jeden Menschen wichtig ist, die Arbeit an sich durch eigenes Umdenken zu leisten, wird die Hypnose als Fremdhilfe heute von den esoterischen Meistern abgelehnt. Ihre Bedenken richten sich darauf, daß der Mensch durch diese Hypnoseform auf eine seinem innersten Wesen noch nicht entsprechende Bewußtseinsstufe gebracht wird, was sich für seine Entwicklung – trotz besten Absichten und ehrlichem Bemühen – nachteilig auswirken kann.

* Autosuggestion – siehe Abschnitt 2.3.4 »Die absichtliche, bewußt angenommene Suggestion (Autosuggestion)«, Seite 41.

2.6 Die Imagination

Das Wort Imagination kommt aus dem Lateinischen und bedeutet: *imago* = Bild, *imaginatio* = Vorstellung.

Ursprung, Bedeutung

Bei unserer Arbeit mit dem Unterbewußtsein ist die Imagination ein ganz wichtiger Faktor. Unser Unterbewußtsein versteht uns nämlich nur dann, wenn wir unsere Wünsche

- in kurzer, prägnanter Form verbalisieren
  und
- uns gleichzeitig das Bild des gewünschten Endzustandes im Geiste vorstellen.

Es ist daher ganz wesentlich für unseren Übungserfolg, daß wir alles, was wir uns wünschen, mit geschlossenen Augen »sehen« können und dabei gleichzeitig ein Gefühl der Freude empfinden.

2.6.1 Die Verbesserung des Vorstellungsvermögens

Dieses »innere Sehen« wird mit Vorstellungsvermögen umschrieben, das bei dem einen mehr, bei dem anderen weniger ausgebildet ist. Die Anlage dazu wurde jedoch grundsätzlich jedem von uns mitgegeben.

Besonders stark ist das Vorstellungsvermögen bei Kindern ausgeprägt, deren Phantasie noch ungebrochen ist. Sie können sich alles farbenprächtig ausmalen. Anders ist das bei uns Erwachsenen. Da in unserer harten, realitätsbezogenen Welt kein Platz für »innere Bilder« zu sein scheint, ist das Vorstellungsvermögen bei vielen von uns verkümmert. Aber das soll uns nicht entmutigen, denn jede Fähigkeit, die wir einmal besessen haben, läßt sich durch entsprechendes Training neu entfalten.

Anleitung und Hinweise zur Übungspraxis

Beginnen wir mit einer Reihe relativ einfacher Übungen, die Schritt für Schritt unser Vorstellungsvermögen verbessern werden.

Denjenigen von uns, die glauben, ein recht gutes Vorstellungsvermögen zu haben, kann unsere Übungsreihe als Test dienen, um zu überprüfen, wie weit es entwickelt ist.

Übung mit Gebrauchsgegenständen

Nehmen wir ganz einfache Gebrauchsgegenstände zur Hand (z. B. unsere Wohnungsschlüssel oder einen Kugelschreiber).

Richten wir unsere gesamte konzentrierte Aufmerksamkeit auf den gewählten Gegenstand.
Schließen wir nun die Augen, und sehen wir diesen Gegenstand ganz deutlich vor uns.
Öffnen wir dann wieder die Augen, und überprüfen wir, ob unsere Vorstellung von dem Gegenstand auch der Realität entsprochen hat.

Übung mit Gebrauchsgegenständen

Wiederholen wir diese Übung mit anderen Gegenständen. Gelingt sie uns gut, so können wir zur nächsten Übung übergehen.

Übung mit Blüten

Eine Spur komplizierter ist die Übung mit einer Blüte. Gehen wir dennoch unverzagt daran. Verwenden wir dazu die Blüte eines Strauches (wenn wir im Freien üben) oder die einer Zimmerpflanze (z. B. einer blühenden Azalee).

Übung mit einer Blüte

Richten wir unsere gesamte konzentrierte Aufmerksamkeit auf die Blüte.
Prägen wir uns jede Einzelheit der Vielfalt ihrer Formen und Farben ein.
Schließen wir nun die Augen, und versuchen wir, die Blüte in all ihren Einzelheiten ganz deutlich vor uns zu sehen.
Öffnen wir dann die Augen, und überprüfen wir, ob und inwieweit unsere Vorstellung von der Blüte mit der tatsächlichen übereingestimmt hat.

Geben wir nicht auf, wenn uns diese Übung nicht auf Anhieb gelingen sollte. Das zeigt uns nur, daß wir hier noch an der Entfaltung unseres Vorstellungsvermögens zu arbeiten haben.

Wiederholen wir daher diese Übung immer wieder. Und je deutlicher wir die Blüte vor unserem »inneren Auge« sehen, um so tiefer wird die Freude sein, die wir dabei empfinden.

Übungen mit Farben

Sehr wichtig ist es auch, daß wir lernen, Farben zu sehen. Zu diesem Zweck können wir uns in der Papierhandlung Farbtafeln aus Buntpapier besorgen.

Diese Farbtafeln nehmen wir nun zur Hand.

Betrachten wir jede Tafel mit voller Konzentration.
Prägen wir uns die Nuance der jeweiligen Farbe genau ein.
Schließen wir nun die Augen, und versuchen wir, diese Farbe deutlich vor uns zu sehen.
Öffnen wir dann die Augen, und überprüfen wir, ob und inwieweit die Farbe aus unserer Vorstellung mit der auf der Farbtafel übereinstimmt.
Gehen wir dann zu nächsten Farbtafel über.

Übung mit Farbtafeln

Auch diese Übung wiederholen wir geduldig so lange, bis wir Erfolge zu verzeichnen haben.

Eine andere Möglichkeit, unser Farbvorstellungsvermögen zu trainieren, ist folgende Übung:

Stellen wir uns nacheinander folgendes vor:
- **bei der Farbe *Rot* eine Tomate,**
- **bei der Farbe *Orange* eine Orange,**
- **bei der Farbe *Gelb* eine Zitrone,**
- **bei der Farbe *Grün* eine grüne Wiese,**
- **bei der Farbe *Blau* einen blauen Himmel,**
- **bei der Farbe *Lila* eine Herbstzeitlose**
- **bei der Farbe *Violett* ein Stiefmütterchen**

Übung mit Imagination farbiger Gegenstände

Selbstverständlich steht es uns frei, das »Sehen« von Farben auch mit anderen bildhaften Vorstellungen zu verbinden.

Übung mit abstrakten Begriffen

Ist es uns mit Hilfe der bisher beschriebenen Übungen gelungen, unser Vorstellungsvermögen so weit zu trainieren, daß wir beliebige Gegenstände, Blüten und Farben ganz deutlich vor uns sehen, können wir zur nächsthöheren Stufe übergehen: dem Üben mit abstrakten Begriffen.

Um das Wesen dieser Übung besser zu verstehen, ein paar Beispiele:

Beim Begriff »Liebe« können wir zwei Liebende oder eine Mutter mit Kind vor uns sehen;

beim Begriff »Treue« einen Hund ... usw.

An sich hat das Unterbewußtsein bei jedem Menschen für abstrakte Begriffe eine individuelle Vorstellung parat. Um diese Vorstellung zu aktivieren, müssen wir üben.

Übung mit abstrakten Begriffen

Verbinden wir nun die nachstehenden Begriffe mit eigenen bildhaften Vorstellungen: Freundschaft ... Stärke ... Schönheit ...

Setzen wir die Übung fort, indem wir selbst Begriffe wählen, die wir dann mit einer entsprechenden bildhaften Vorstellung verbinden.

Auf diese Art entfalten wir unser Vorstellungsvermögen immer mehr, bis wir schließlich alles, was wir denken, deutlich bildhaft vor unserem geistigen Auge sehen.

Bewußt und gezielt angewendet, können solche Imaginationen Erstaunliches bewirken.

2.6.2 Die Imagination als Mittel zur Korrektur von Verhaltensmustern

Viele Tätigkeiten des täglichen Lebens laufen rein automatisch, also unbewußt, ab. Denken wir nur an das Gehen, Reden und Schreiben. Wenn wir uns bei jeder dieser Tätigkeiten den Ablauf und die Koordination des Muskelspiels erst überlegen müßten, würden wir wahrscheinlich das fließende Ineinanderlaufen der einzelnen Muskelfunktionen hemmen. Daß unsere Muskelarbeit jedoch so klaglos – wie von selbst – funktioniert, haben wir durch intensives Training erlernt.

Beobachten wir doch einmal ein Kleinkind bei den ersten Greif- oder Gehversuchen, und wir werden feststellen, daß hier enorme Lernprozesse zu bewältigen sind.

Durch Übung werden bestimmte Abläufe mehr und mehr zur Selbstverständlichkeit und prägen sich uns so tief ein, daß sie reflexhaft ablaufen.

Der Russe Pawlow hat durch seine Beobachtung von Hunden das Prinzip der Konditionierung von Reflexen erkannt und wissenschaftlich bewiesen.

Definition: Reflex

(Unter einem Reflex versteht man einen unwillkürlich und regelhaft ablaufenden Vorgang auf einen Reiz.)

Die Versuchsanordnung verlief folgendermaßen:

Er setzte den Hunden über einen bestimmten Zeitraum immer zur gleichen Zeit die Nahrung vor.

Danach ging er dazu über, bei Verabreichung der Nahrung eine Glocke läuten zu lassen. Auch das hielt er über einen bestimmten Zeitraum bei.

Schließlich ließ er nur mehr die Glocke ertönen, ohne den Hunden Nahrung vorzusetzen, und stellte fest, daß die Tiere dennoch eine starke Speichelsekretion hatten, weil sie den Glockenton mit der Vorstellung von Nahrungsaufnahme verbanden.

Was können wir aus diesem Beispiel ersehen?

Die Aufnahme des Futters in das Maul des Tieres ist ein sogenannter unbedingter oder unkonditionierter Reiz. Dieser löste – als unbedingten Reflex – die Speichelsekretion aus.

Unbedingter Reflex

Der Glockenton stellt einen bedingten oder konditionierten Reiz dar, der nun die Speichelbildung als bedingten Reflex auslöste.

Bedingter Reflex

Das heißt, daß es sich bei der Speichelbildung im Falle des Glockentons um einen durch Erlernen gebildeten Reflex handelte.

Erlernen bedingter Reflexe

Übertragen auf uns, bedeutet das, daß wir bedingte Reflexe erlernen können. (Das Phänomen des Lernens im weiteren Sinne als Ausbildung bedingter Reflexe ist bei allen Lebewesen möglich, die über ein Nervensystem verfügen!)

Leider ist auch ein Großteil unserer schlechten Gewohnheiten auf solche – wenn auch vielfach unbewußte – »Lernprozesse« zurückzuführen.

Ein typisches Beispiel ist das Rauchen:

Anfangs rauchen wir nur, weil andere es auch tun und wir nicht Außenseiter sein wollen (Reiz).

Schließlich greifen wir aber bei jeder sich bietenden ähnliches Gelegenheit (Reiz) ganz automatisch zur Zigarette (Reflex).

Löschen nachteiliger Verhaltensmuster

Doch auch daran läßt sich etwas ändern. Wir können u. a. jedes Verhaltensmuster, das sich für uns als nachteilig erweist, durch Aufnahme und Konditionierung eines neuen Reizes »löschen« und durch ein von uns gewähltes positives Muster ersetzen.

Dieser neue Reiz ist eine Information, die wir in Form einer Imagination, die unsere Wunschvorstellung beinhaltet (z. B., daß wir auch ohne Zigarette glücklich und zufrieden sind), an unser Unterbewußtsein weiterleiten.

Durch regelmäßige Wiederholung des Reizes (Üben zu bestimmten festgesetzten Tageszeiten) prägt sich uns das neue Verhaltensmuster ein und wird nach einiger Zeit ebenfalls reflexhaft ablaufen (bedingter Reiz).

Es bietet uns beispielsweise jemand eine Zigarette an, und wir lehnen dankend ab.

Ähnliches gilt, wenn wir durch Speicherung von Informationen (Reizen) unser Gedächtnis erweitern wollen. Auch hier bauen wir durch entsprechendes Üben eine Vielzahl von bedingten Reflexen auf.

Wir sehen also, daß wir durch die bewußte Konditionierung von Reflexen viel erreichen können.

Dazu wurde eine spezielle Methode entwickelt, über die wir im folgenden detailliert berichten wollen.

2.6.3 Das Alphatraining (nach José Silva)

Laut Elektroenzephalogramm (EEG) gibt es verschiedene Gehirnstromfrequenzen, und zwar:

Übersicht: Gehirnstromfrequenzen

Rhythmus	Frequenz	Zustand
Alpha-Rhythmus	8–13 Hertz*	Ruhezustand
Beta-Rhythmus	13–30 Hertz	Wachzustand; Ausdruck hoher Aktivität, erhöhte Aufmerksamkeit (Vigilanz)
Delta-Rhythmus	kleiner als 4 Hertz	Schlafzustand
Theta-Rhythmus	4–7 Hertz	Schlafzustand

Der Alpha-Rhythmus zeigt einen Zustand der Tiefentspannung an, der als Basis für alle autosuggestiven Methoden dient. Im Alpha-Zustand können wir unser Unterbewußtsein am besten steuern.

Diese Erkenntnis griff der Texaner José Silva auf, der sich als Vater von zehn Kindern mit der Frage beschäftigte, ob die Lernfähigkeit und der Intelligenzquotient durch Schulung des Geistes verbesserungsfähig seien. Durch Versuche, die er mit seinen Kindern durchführte, fand er heraus, daß das Gehirn bei den niedrigen Frequenzen des Alpha-Zustandes weitaus mehr Informationen aufnehmen und spei-

* Hertz = Schwingungen pro Sekunde.

chern kann als bei den hohen Frequenzen im Wachzustand.

Das machte er sich zunutze, indem er die Kinder in den Alpha-Zustand versetzte. Anfangs bediente er sich dazu der Hypnose, war jedoch bestrebt, davon unabhängig zu werden, und entwickelte nach und nach eine Übungsfolge, die jeden selbsttätig aus dem Wachzustand des Beta-Rhythmus in den tiefentspannten Alpha-Zustand führen kann. Die Erfahrungen, die er aus den Experimenten mit seinen Kindern gewann, baute er zu einer Methode aus, die heute als SILVA MIND CONTROL® nicht nur in Amerika, sondern auch in Europa erfolgreich angewendet wird.

Mit einigen wesentlichen Elementen dieser Methode wollen wir uns nun näher befassen.

Erreichung des Alpha-Zustandes

Zuerst müssen wir durch Training lernen, uns in den Alpha-Zustand zu versetzen. Dafür stehen uns zwei Übungswege offen.

1. Methode des Hinunterzählens

Beim ersten Übungsweg wird die Methode des Hinunterzählens angewendet.

Anleitung und Hinweise zur Übungspraxis

Übung zur Erreichung des Alpha-Zustandes durch Hinunterzählen

Die Übung wird jeweils morgens nach dem Aufwachen durchgeführt und nimmt etwa eine viertel Stunde in Anspruch.

Wir bleiben dazu liegen. (Da die Möglichkeit besteht, daß wir wieder einschlafen, empfiehlt es sich, für 20 Minuten später einen Wecker zu stellen. Auf keinen Fall darf uns aber das Läuten des Weckers dazu verleiten, den Alpha-Zustand jäh zu verlassen!)

Augenstellung

Neu für uns ist die Augenstellung. Die Augen werden nämlich während des Übens um etwa 20 Grad nach oben gedreht. Das mag einigen von uns sonderbar vorkommen. Diese Augenstellung ist jedoch eine wertvolle Hilfe für uns, denn sie allein bewirkt bereits die Erzeugung von Alpha-Wellen.

Übung: Erreichen des Alpha-Zustandes durch Hinunterzählen

Schließen wir die Augen, und blicken wir in einem Winkel von etwa 20 Grad nach oben.*
Zählen wir von 100 bis 1 hinunter.
Konzentrieren wir uns dabei voll und ganz auf das Zählen.
Verweilen wir eine Zeitlang im Alpha-Zustand.
Wenn wir ihn wieder verlassen wollen, bereiten wir uns innerlich darauf vor, indem wir uns sagen:

* Anmerkung: Wer das Nach-oben-Drehen der Augen als störend empfindet, kann davon Abstand nehmen!

»Ich zähle jetzt gleich langsam bis 5, öffne die Augen, bin hellwach und fühle mich besser als zuvor!«*
Atmen wir dann tief ein und aus,
zählen wir langsam von 1 bis 5,
öffnen wir die Augen,
und stellen wir fest, daß wir tatsächlich hellwach sind und uns besser fühlen als zuvor.

Obwohl es uns wahrscheinlich bereits beim ersten Mal gelingen wird, den Alpha-Zustand zu erreichen, bedarf es dennoch eines kontinuierlichen Übens, um auch in tiefere Alpha-Stufen und schließlich sogar in den Bereich der Theta-Wellen zu gelangen.

Es sind für diese Übung insgesamt etwa 7 Wochen (genau = 50 Tage) vorgesehen, wobei das Zählen alle 10 Tage systematisch zu verkürzen ist.

50-Tage-Übungsplan

Zählen wir demgemäß
10 Tage lang von 100 bis 1,
10 Tage lang von 50 bis 1,
10 Tage lang von 25 bis 1,
10 Tage lang von 10 bis 1
und schließlich
10 Tage lang von 5 bis 1 hinunter.

Behalten wir aber sonst den beschriebenen Übungsablauf – einschließlich des »Zurückkommens« – strikte bei!

* Solche Formeln müssen immer in der Gegenwart formuliert sein!

Bitte beachten:

Verlassen wir den Alpha-Zustand nie jäh, sondern nehmen wir uns zum »Zurückkommen« Zeit!

Prägen wir uns die Technik, die uns aus dem Alpha-Zustand wieder herausführt, gut ein!

Das »Zurückkommen« ist bei allen weiteren Übungen des Alphatrainings in dieser Form zu praktizieren. Es wird jedoch der Einfachheit halber in Zukunft nur mehr kurz mit »Zählen wir langsam von 1 bis 5, und öffnen wir die Augen« beschrieben werden.

2. Methode durch Farbimagination

Der zweite Übungsweg erschließt uns eine Möglichkeit, den Alpha-Zustand durch Imagination von Farben zu erreichen.

Um uns jedoch über bestimmte Zusammenhänge und Gesetzmäßigkeiten klarzuwerden, machen wir vorerst einen kleinen Ausflug in die Farbenlehre.

Farbenlehre

Weißes Licht wird nach Auftreffen auf ein Medium in seine Spektralfarben zerlegt. Ursache dieser Aufspaltung sind die unterschiedlichen Ausbreitungsgeschwindigkeiten der einzelnen Wellenbereiche in diesem Medium, wodurch das Licht anders gebrochen wird.

Ein Beispiel für so eine Brechung ist der uns allen bekannte Regenbogen. Er entsteht, wenn Sonnenstrahlen von Regentropfen gebrochen und dadurch zerstreut werden.

Als oberste Farbe des Regenbogens sehen wir Rot, als unterste Violett.

Auch der blaue Himmel ist Folge einer Zerstreuung des Sonnenlichtes durch die Gasmoleküle der Atmosphäre. Der blaue Anteil wird stärker gestreut, so daß uns der Himmel diffus blau erscheint.

Bei Sonnenaufgang und Sonnenuntergang ist der Weg des Lichtes zur Erde viel weiter. Das blaue Licht wird dadurch so weit gestreut, daß es uns nicht mehr erreicht. Wir nehmen daher nur mehr die rötlichen und die gelblichen Spektralfarben wahr, die die Rotfärbung der Sonne und des Himmels verursachen.

Das Sonnenlicht kann aber auch künstlich gebrochen werden.

Bereits im Jahre 1676 ist es dem Physiker Isaak Newton gelungen, das weiße Sonnenlicht mit Hilfe eines 3kantigen Prismas in die Farben des Spektrums zu zerlegen.

Im Spektrum sind alle Hauptfarben – außer Purpurrot – enthalten.

Farben entstehen aus Lichtwellen, die eine besondere Art elektromagnetischer Energie darstellen. Mit unseren Augen können wir Lichtwellen von 400 bis 700 Nanometern wahrnehmen.

1 Nanometer (nm) = 10^{-9} m = 0,000 000 001 m

Die Wellenlängen der Spektralfarben und ihre Schwingungszahlen pro Sekunde sind:

Übersicht: Spektralfarben

Farbe	Wellenlänge	Schwingungszahl
Rot	800–650 nm	400–470 Billionen
Orange	640 – 590 nm	470 – 520 Billionen
Gelb	580 – 550 nm	520 – 590 Billionen
Grün	530 – 490 nm	590 – 650 Billionen
Blau	480 – 460 nm	650 –700 Billionen
Lila	450 – 440 nm	700 –760 Billionen
Violett	430 – 390 nm	760 – 800 Billionen

Versuche ergaben, daß durch Imagination dieser Farben gemäß dem Sinken der jeweiligen Wellenlänge auch die Frequenz der Gehirnströme langsam herabgesetzt wird, so daß mit der Farbe Violett der entspannte Zustand der Alpha-Frequenz eintritt.

Übung zur Erreichung des Alpha-Zustandes durch Imagination von Farben

Für diejenigen von uns, die ein gut entwickeltes Farbvorstellungsvermögen haben, wird dieser Übungsweg zur Erreichung des Alpha-Zustandes eventuell geeigneter sein als die Methode des Hinunterzählens.

Übung: Erreichen des Alpha-Zustandes durch Farbimagination

Schließen wir die Augen, und blicken wir in einem Winkel von etwa 20 Grad nach oben.
Stellen wir uns der Reihe nach folgende Farben vor, und lassen wir sie jeweils auf uns einwirken:
Rot ...
Orange ...
Gelb ...
Grün ...
Blau ...
Lila ...
Violett ...

Verweilen wir eine Zeitlang im Alpha-Zustand.
Atmen wir dann tief ein und aus,
zählen wir langsam von 1 bis 5,
und öffnen wir die Augen.

Natürlich erfordert auch dieser Übungsweg ein kontinuierliches Training, das über einen längeren Zeitraum beizubehalten ist.

Auch: sitzend

Beide Übungsformen zur Erreichung des Alpha-Zustandes (auch: Alpha-Grundstufe) können auch sitzend zu jeder beliebigen Tageszeit praktiziert werden. Wichtig ist allerdings, daß wir möglichst immer zur selben Zeit üben.

Zur selben Zeit

Der imaginäre Entspannungsort

Sobald es uns gelingt, uns mit Hilfe des Hinunterzählens oder der Farbimagination in den Bereich der Alpha-Frequenz zu versetzen, können wir zur nächsten Übungsstufe übergehen.

Ein wesentlicher Bestandteil des Alphatrainings ist die bildhafte Vorstellung. Je besser unsere Vorstellungskraft entwickelt ist, um so überzeugender werden unsere Erfolge sein.

So erfaßt uns ein wunderbares Gefühl des Friedens, der Stille und der Harmonie, wenn wir uns an einen imaginären Entspannungsort begeben.

Es kann sich dabei um einen uns bekannten Ort handeln, an dem wir einmal sehr glücklich gewesen sind oder uns besonders wohl gefühlt haben. Er kann aber auch ein Phantasiegebilde sein, das wir uns je nach Neigung beliebig ausmalen (z. B. ein See, das Meer, eine Wiese ...).

Verweilen am Entspannungsort

Übung: Verweilen am Entspannungsort

Die Übung läuft folgendermaßen ab:
Gehen wir auf die Alpha-Grundstufe.
Begeben wir uns an unseren imaginären Entspannungsort. Lassen wir den tiefen Frieden, die Stille und die Harmonie, die von ihm ausgehen, voll und ganz auf uns einwirken.
Spüren wir, wie uns ein Gefühl der Geborgenheit umgibt, aus dem in uns Vertrauen und Zuversicht wachsen, die von Freude und Dankbarkeit begleitet sind.
Verweilen wir eine Zeitlang in diesem wunderbaren Gefühl an unserem Entspannungsort.
Lassen wir abschließend noch einmal einen Blick über ihn gleiten, treten wir dann den Rückweg an, nehmen wir aber das Gefühl des Vertrauens, der Zuversicht und der Dankbarkeit aus dem Alpha-Zustand in unser Wachbewußtsein mit.
Atmen wir tief ein und aus,
zählen wir langsam von 1 bis 5,
und öffnen wir die Augen.

Das Verweilen am Entspannungsort ist also ein Zustand des völligen Losgelöstseins von den Sorgen, Ängsten und Nöten unseres Alltags. Wir schöpfen Vertrauen und Zuversicht, was uns schließlich Mut und Kraft gibt, uns in der nächsthöheren Stufe des Alphatrainings aus objektiver Sicht unseren Problemen zuzuwenden, um sie zu lösen.

Prinzipiell müssen wir davon ausgehen, daß jedes Problem die Lösung bereits in sich birgt. Wir können sie nur nicht sehen, weil wir – eingeengt durch unser Ego – nicht immer imstande sind, die Dinge als Ganzes zu erfassen.

Wenn wir uns nun an unserem Entspannungsort befinden und im Zustand des Losgelöstseins eines unserer Probleme betrachten, so tun wir es mit »freundlicher Distanz«; also frei von hemmenden ichhaften Emotionen.

Diese »freundliche Distanz« verleiht uns eine viel offenere Sicht, so daß wir plötzlich auch das erkennen (z. B. Fehler oder Lösungsansätze), was uns bisher wie unter einem Nebelschleier verborgen war.

Die Bildschirmtechnik

Die Bildschirmtechnik ist eine Methode zur Verwirklichung von Wunschvorstellungen.

(Dazu gehört u. a. auch das Bestreben, ein Problem zu lösen oder ein nachteiliges Verhalten zu ändern.)

Die Technik wird allerdings nur dann funktionieren, wenn wir folgende von José Silva aufgestellte Gesetze beachten:

3 Gesetze nach José Silva

1. Wir müssen wollen, daß unsere Wunschvorstellung Wirklichkeit wird.
2. Wir müssen glauben, daß unsere Wunschvorstellung Wirklichkeit wird.
3. Wir müssen erwarten, daß unsere Wunschvorstellung Wirklichkeit wird.

Diese Trilogie von Wollen, Glauben und Erwarten, die keinen Platz mehr läßt für einen Zweifel, ist eines der Geheimnisse des Erfolges der Bildschirmtechnik.

Wunschvorstellung: positiv

Voraussetzung ist natürlich, daß unsere Wunschvorstellung dem Prinzip des positiven Denkens entspricht. (Erinnern wir uns, daß wir mit jedem Anliegen, das wir an unser Unterbewußtsein herantragen – hier geschieht es mit Hilfe der Bildschirmtechnik –, stets im Einklang mit der Schöpfung stehen sollen – zum Wohle aller!)

Negative Wunschvorstellungen würden sich automatisch gegen uns richten.

Anleitung und Hinweise zur Übungspraxis

Schaffung des geistigen Bildschirms

Für die praktische Anwendung der Methode müssen wir uns zunächst eine Art geistigen Bildschirm schaffen, auf den wir unsere Wunschvorstellungen projizieren können.

Durch Übung werden wir bald lernen, unsere Vorstellungen, die als Bilder oder Szenen auf dem Bildschirm erscheinen, immer intensiver und lebendiger zu gestalten und uns voll darauf zu konzentrieren.

Projektion der Vorstellungen in drei Schritten

Wir gehen dabei in drei Schritten vor:

1. Projektion einer Szene, die bunt bewegt ein Problem oder ein zu änderndes Verhaltensmuster darstellt. Analyse des Problems. (Hier kommt uns die »freundliche Distanz« sehr zustatten!)
2. Rasches Hinausschieben dieser Szene nach rechts und Einschieben einer neuen Szene von links, die bereits einen Weg zur Problemlösung oder eine Maßnahme zur Änderung des Verhaltensmusters zeigt.
3. Hinausschieben der zweiten Szene nach rechts und Einschieben einer dritten Szene von links, die den gewünschten Endzustand, also die Verwirklichung unserer Wunschvorstellung, zum Inhalt hat.

Ein Beispiel soll uns diese Schritte besser verdeutlichen:

Nehmen wir an, es ist unser Wunsch, uns das Rauchen abzugewöhnen.

1. Das erste Szenenbild zeigt uns rauchend.
   Die Analyse macht uns deutlich, wie schädlich das Rauchen für unsere Gesundheit ist.

2. Nun schieben wir dieses Szenenbild rasch nach rechts und
   bringen von links eine neue Szene ein, in der wir bedächtig die letzte Zigarette ausdrücken und die Schachtel mit den restlichen Zigaretten in den Papierkorb werfen.
3. Schließlich schieben wir auch dieses Szenenbild nach rechts und sehen deutlich eine von links kommende dritte Szene vor uns, die uns glücklich und zufrieden ohne Zigarette zeigt.

Bitte beachten:

Szenenbilder von links nach rechts schieben

Wichtig ist, daß wir uns einprägen, die Szenenbilder stets von links nach rechts zu schieben. (Nie umgekehrt!)

José Silva hat nämlich durch seine Experimente herausgefunden, daß die tieferen Bewußtseinsschichten den Ablauf der Zeit von links nach rechts fließend erleben.

Das heißt, wir sehen im Alpha-Zustand das Zukünftige von links kommend und das Vergangene nach rechts verlaufend.

In die Praxis umgesetzt, bedeutet das:

Mitte: Gegenwart

Rechts: Vergangenheit

Links: Zukunft

– Alles, was wir genau vor uns, also in der Mitte des Bildschirms, sehen, hat Gegenwarts-Charakter.
– Sobald wir es nach rechts schieben, gehört es der Vergangenheit an.
– Was wir von links einschieben, kommt zwar aus der Zukunft, nimmt aber, sobald es deutlich genau vor uns abläuft, ebenfalls Gegenwarts-Charakter an.

Das ist auch die Erklärung dafür, warum sich unsere aus der Zukunft kommenden Wunschvorstellungen »vergegenwärtigen«, indem sie Wirklichkeit werden.

Aus dem Prinzip Zukunft links, Vergangenheit rechts ergibt sich für uns ein weiterer wichtiger Punkt, den wir bei der Übungspraxis unbedingt berücksichtigen müssen.

Bitte beachten:

Nach rechts Geschobenes nie wieder aufnehmen

Was wir einmal nach rechts in die Vergangenheit geschoben haben, sollten wir nie wieder zurückholen!

Haben wir uns also in Schritt 1 unser Problem vergegenwärtigt und es nach gründlicher Analyse nach rechts geschoben, sollte es unwiderruflich Vergangenheit bleiben.

Es hat keinen Sinn, ein Problem immer wieder von neuem aufzunehmen. Auf diese Art »läßt es uns nie los«, weil wir unbewußt die Kraft unserer Gedanken beständig den negativen Aspekten zuwenden.

Statt dessen sollten wir uns voll Vertrauen darauf konzentrieren, eine Lösung zu finden, die uns schließlich zu dem gewünschten Endzustand führt.

Daher müssen wir alle weiteren Übungen, die die Aufarbeitung ein und desselben Problems zum Inhalt haben, mit Schritt 2 (= Lösungsweg) beginnen.

Kommen wir noch einmal auf das Beispiel zurück, in dem wir uns das Ziel gesetzt haben, uns das Rauchen abzugewöhnen.

(Nach den Erfahrungen Silvas müssen die Übungen gerade in diesem Falle kontinuierlich über einen längeren Zeitraum durchgeführt werden, wenn wir Erfolg haben wollen.)

Würden wir jedesmal, sobald wir den Bildschirm aufgebaut haben, mit Schritt 1 beginnen, also mit jener Szene, die uns rauchend zeigt, wären damit Gedankenimpulse gesetzt, die auf das Rauchen ausgerichtet sind.

Wir wollen uns das Rauchen aber abgewöhnen!

Deshalb haben wir bei der ersten Übung die Szene 1 auch nach rechts in die Vergangenheit geschoben. Und dort wollen wir sie auch belassen.

Unsere Arbeit mit der Bildschirmtechnik hat sich folglich ab jeder weiteren Übung sofort auf Schritt 2 zu konzentrieren, also auf imaginäre Szenenbilder, in denen wir bewußt das Rauchen lassen.

Noch ein kleiner Hinweis: Auch die letzte Zigarette dürfen wir nur einmal vor unserem geistigen Auge ausdrücken; denn es kann nur eine letzte Zigarette geben.

Wählen wir daher Szenenbilder, die in immer neuen Varianten Maßnahmen zeigen, die uns vom Rauchen wegführen; z. B.:

– Wir gehen in einen Tabakladen. Der Ladenbesitzer, der uns schon lange kennt, legt uns automatisch ein Päckchen »unserer« Zigarettenmarke hin.
  Doch wir sagen lächelnd: »Die dürfen Sie behalten! Das ist vorbei! Ich habe mir das Rauchen abgewöhnt!« und kaufen statt dessen Zeitungen.

Oder:

– Wir finden in einer Rocktasche ein »vergessenes« Päckchen Zigaretten und verbrennen es mit innerer Genugtuung.

Unserer Phantasie sind hier keine Grenzen gesetzt. Die Szenenbilder, die wir auf unserem imaginären Bildschirm ablaufen lassen, müssen nur zielführend sein.

Danach schieben wir dann regelmäßig das Szenenbild von Schritt 3 von links ein, das uns glücklich und zufrieden ohne Zigarette zeigt.

Noch etwas ist zu beachten. Ein wichtiger Grundsatz gilt auch für die Arbeit mit der Bildschirmtechnik. Wenn wir unsere bildhaften Vorstellungen durch Formeln unterstützen, so dürfen diese keine Verneinung und keine Voraussagen (z. B.: »Ich werde ...!«, »Ich möchte ...!«) beinhalten, sondern müssen klar und deutlich in der Gegenwartsform (z. B.: »Ich bin ...!«, »Ich habe ...!«) abgefaßt sein.

Übung zur Erstanwendung der Bildschirmtechnik

Das Wesen der Bildschirmtechnik ist uns nun sicherlich klar. Damit können wir mit der eigentlichen Übungspraxis beginnen.

Prägen wir uns dazu den gesamten Übungsablauf gut ein.

Übung: Bildschirmtechnik – Erstanwendung

Gehen wir auf die Alpha-Grundstufe.
Begeben wir uns an unseren Entspannungsort.
Verweilen wir eine Zeitlang dort.
Lassen wir seine wunderbare Atmosphäre auf uns einwirken.
Fühlen wir uns geborgen. Spüren wir, wie daraus Vertrauen und Zuversicht in uns wachsen, die von Freude und Dankbarkeit begleitet sind.

Bauen wir uns nun an unserem Entspannungsort einen geistigen Bildschirm auf.

1. Projizieren wir darauf eine Szene, die eindrucksvoll unser Problem (oder ein nachteiliges Verhalten) darstellt.
   Analysieren wir dieses Problem.
2. Schieben wir jetzt die Szene rasch nach rechts, und bringen wir von links eine zweite Szene ein, in der wir uns bei der Problemlösung (oder bei Maßnahmen zur Änderung unseres nachteiligen Verhaltens) sehen.
   Richten wir unsere gesamte Konzentration darauf, und erleben wir die Szene in allen Einzelheiten.
3. Schieben wir dann auch dieses Szenenbild nach rechts, und bringen wir von links eine dritte Szene ein, die die Verwirklichung unserer Wunschvorstellung zum Inhalt hat.
   Versenken wir uns völlig darin. Empfinden wir dabei Freude und Glück, ganz so, als wäre dieses Bild bereits Wirklichkeit.

Lösen wir uns schließlich behutsam von diesem Bild, indem wir es »weich abblenden«.
Lassen wir unsere Blicke noch einmal über den Entspannungsort gleiten, und kehren wir voll Zuversicht aus dem Alpha-Zustand zurück.
Atmen wir tief ein und aus,
zählen wir langsam von 1 bis 5,
und öffnen wir die Augen.

Nach Beendigung dieser Übung werden wir uns besser fühlen als je zuvor. Und wir haben auch allen Grund dazu, denn wir können sicher sein, daß nun Kräfte unseres Unterbewußtseins oder – wie Silva es nennt – eine »höhere Intelligenz« an der tatsächlichen Verwirklichung unserer Wunschvorstellung arbeiten.

Positive Erwartung – auch im Wachbewußtsein

Allerdings ist es erforderlich, daß wir uns auch während des Wachbewußtseins unsere positive, vertrauensvolle Einstellung im Hinblick auf die Lösung des Problems (oder einer Änderung des nachteiligen Verhaltensmusters) bewahren.

Überwinden wir daher unsere negativen Gedanken, indem wir uns immer wieder bewußt unserer positiven Erwartung zuwenden.

Übung zur weiteren Anwendung der Bildschirmtechnik

Alle weiteren Übungen, die sich mit der Aufarbeitung des gleichen Problems (oder der Änderung desselben nachteiligen Verhaltens) befassen, laufen – stichwortartig skizziert – folgendermaßen ab:

Übung: Bildschirmtechnik – weitere Anwendung

Einnahme der Alpha-Grundstufe
Aufsuchen des Entspannungsortes
Aufbau des Bildschirms
Schritt 2 – mit Lösungsmaßnahmen nach rechts schieben
Schritt 3 – Endziel der Wunschvorstellung, »weiches Abblenden«
Verlassen des Entspannungsorts
Zurückkommen aus der Alpha-Grundstufe

Selbstverständlich läßt sich die Bildschirmtechnik in allen Bereichen unseres Lebens einsetzen. Wie eingangs bereits ausführlich berichtet, hat Silva u. a. auf dem Gebiet der Gedächtnisschulung und Lernintensivierung beachtliche Erfolge erzielt.

Aber auch zur Verbesserung unserer Gesundheit ist die Bildschirmtechnik ein geeigneter Weg; vor allem dann, wenn wir ihn voll Vertrauen gehen und – gemäß den drei Gesetzen Silvas – mit Wollen, Glauben und Erwarten verbinden.

3 Das Gebet

3.1 Gebete – Gespräche mit Gott

Wir sind mit der unendlichen Schöpferkraft Gottes beständig verbunden. Doch es liegt an uns, diese Verbindung zu pflegen.

Gott drängt sich uns nicht auf, mischt sich nicht ungebeten in unsere Angelegenheiten und löst auch nicht unsere Probleme. Täte er dies, wären wir gegängelte Wesen, die niemals die Chance hätten, durch eigene Erfahrungen und Fehler zur seelischen Reife und Charakterstärke zu gelangen.

Gott läßt uns die Freiheit der Entscheidung, welchen Weg wir gehen wollen. Wir haben einen freien Willen. Es steht uns also auch frei, uns an Gott zu wenden, wann immer wir das Bedürfnis in uns dazu verspüren. Und je öfter wir dies tun, um so mehr wird dieses Bedürfnis in uns wachsen.

Wenden wir uns mit all unserer Innigkeit an Gott! Tun wir es ohne Scheu und Angst, sondern mit tiefem Vertrauen!

Gott ist kein Mann mit weißem Bart, der oben im Himmel zürnend und strafend über uns wacht.

Er ist die allumfassende, allgegenwärtige Liebe – stets bereit, uns zu helfen, wenn wir Ihn darum bitten. Wir brauchen dazu gar nicht weit zu gehen, denn Gott ist in uns. Kraft unseres Geistes können wir jederzeit mit Ihm sprechen – durch unsere Gebete. Und es liegt wiederum an uns und an der Art und Weise, wie wir beten, ob wir erhört werden.

3.2 Die Kunst des richtigen Betens

Warum beten?

Warum beten wir eigentlich?
Wir beten, weil wir etwas erhalten wollen: Gesundheit, materielle Vorteile, bessere Jobs, Erfolg, Macht, Berühmtheit ... oder auch Einsichten und Lösungen, die uns weiterhelfen sollen.

Doch aus welchen Beweggründen wir auch immer beten, unsere Gebete werden nur dann wirksam sein, wenn wir lernen, richtig zu beten.

Wenn wir ein Gerät in Betrieb nehmen wollen, werden wir zunächst den Schalter betätigen, um eine Verbindung zur Stromzufuhr herzustellen. Damit allein ist es allerdings noch nicht getan. Wir müssen auch wissen, wie dieses Gerät zu bedienen ist, wenn es zielführend für uns arbeiten soll (Tepperwein).

Dieses Prinzip läßt sich auf all unser Tun übertragen – auch auf das Beten.

3.2.1 Wichtige Grundsätze für das richtige Beten

Wie beten?

Wie sollen wir nun beten?

Nach Tepperwein hat richtiges Beten nichts mit Routine zu tun, sondern ist eine Kunst.

Und wie bei jeder Kunst sind auch beim Gebet bestimmte Grundsätze zu beachten, wenn wir uns darin vervollkommnen wollen.

Glaube und Vertrauen

Zu den wohl fundamentalen Grundsätzen für ein wirksames Gebet gehören unabdingbarer Glaube und tiefes Vertrauen, daß unsere an Gott herangetragene Bitte Erfüllung finden wird – ja sich im geistigen Bereich bereits erfüllt hat, sobald wir mit Inbrunst daran denken.

Erinnern wir uns an jenen Mann, der Jesus Christus um Heilung bat.

Jesus fragte ihn: »Glaubst du?« Und als der Mann antwortete: »Ja, Herr, ich glaube!«, sagte Jesus: »Dann steh auf! Dein Glaube hat dir geholfen!«

Wann immer wir beten, erhalten wir eine Antwort: etwa in Form eines Gedankens, einer Intuition, eines Traumes oder eines Ereignisses (was Unwissende gern als »Zufall« bezeichnen).

Sind unsere Gebete jedoch geschwächt durch Zweifel, Unsicherheit und Furcht oder beinhalten sie Widersprüche, dann kann uns Gott keine klare Antwort geben; vor allem nicht jene, die wir von Ihm erwarten.

Bedenken wir, daß jeder auch noch so geringe Zweifel an der Erfüllbarkeit die Unerfüllbarkeit in sich birgt.

Ein von Zweifeln durchsetztes Gebet ist daher sinnlos.

Entfalten wir vielmehr das, was meist tief verschüttet in uns ruht: Urvertrauen. Lassen wir es in unsere Gebete einfließen, und wenden wir uns voll Liebe und unerschütterlichem Glauben an die Gotteskraft in uns, wenn wir uns in einer schwierigen Situation befinden und selbst keinen Lösungsweg sehen. Gott wird ihn uns zeigen.

Seien wir aber auch nicht enttäuscht, wenn unsere Gebete nicht ganz so erhört werden, wie wir uns das vorgestellt haben, oder die Erfüllung auf sich warten läßt.

Gott, von uns um Hilfe gebeten, entscheidet immer in unserem Sinne. Vertrauen wir darauf, daß er besser weiß als wir, was für uns gut ist und wann die Zeit dafür reif ist.

Verinnerlichung

Die Verbindung zur Gotteskraft in uns wird um so intensiver sein, je mehr wir unser Leben verinnerlichen. Und je weiter wir innerlich aufgeschlossen sind, um so wirksamer werden unsere Gebete sein.

Der Weg geht immer von innen nach außen. Wir müssen daher in unserem Inneren durch eine entsprechende Einstellung, die von Glauben, Überzeugung und Vertrauen geprägt ist, die Grundlage für die Verwirklichung im Äußeren schaffen.

Eigene Worte

Der unverfälschteste Weg zum Ohr Gottes sind Worte, die aus uns selbst kommen, denn sie drücken unmittelbar das aus, was wir gerade empfinden. Sprechen wir daher unsere Gebete mit eigenen, innigen Worten.

Ernst und Aufrichtigkeit

Wichtig ist auch, daß wir jedes Wort unserer Gebete ernst meinen.

Gott läßt sich nicht betrügen; auch wenn wir nach außen noch so inbrünstig beten. Er durchschaut es sofort, wenn das, was wir sagen, doch nicht ganz ernst gemeint ist, weil wir noch immer Zweifel an der Erfüllung hegen oder nicht ganz aufrichtig zu Ihm sind.

Auch solche Gebete sind sinnlos. Göttliche Hilfe läßt sich nur mobilisieren, wenn wir mit dem Ernst des Vertrauens und mit aufrichtigem Herzen darum bitten.

Im Einklang mit der Schöpfung

Was immer wir von Gott erbitten, muß im Einklang mit der Schöpfung stehen. Das heißt, unsere Gebete sind nur im Rahmen der Göttlichen Ordnung erfüllbar. Wir dürfen niemandem schaden, niemanden verletzen und niemanden benachteiligen wollen. Im Sinne des Gesetzes von Ursache und Wirkung* fallen negative Wünsche unweigerlich auf uns zurück und gereichen uns selbst zum Schaden.

Versuchen wir daher niemals, die Göttliche Schutzkraft und Hilfe für negative Dinge zu aktivieren.

Es hat auch keinen Sinn, Gott zu bitten, unsere Fehler zu korrigieren oder uns vor ihren Folgen zu bewahren. Er hat uns einen freien Willen gegeben. Wir können also über unser Tun frei entscheiden und müssen durch Erfahrung lernen, was für uns gut oder schlecht bzw. richtig oder falsch ist. Dieser Lernprozeß ist zwar manchmal schmerzlich, aber ungemein wichtig für uns. Gott läßt ihn geschehen; nicht etwa um uns zu bestrafen, sondern um uns mit gütiger Hand tieferen Erkenntnissen und Einsichten zuzuführen, an denen wir innerlich wachsen.

Keine »Geschäfte«

Gott ist kein Krämer, mit dem wir handeln können. Schlagen wir ihm daher keine »Geschäfte« vor – wie etwa in der Art:

»Wenn du mir hilfst, mein Problem zu lösen, dann werde ich etwas für den Ausbau der Kirche spenden.«

* Siehe Kapitel 5 »Karma und Schicksal«, Seite 159.

Das ist nicht der geeignete Weg. Gott hilft immer, wo Hilfe not tut und er mit gläubigem Vertrauen darum gebeten wird, aber er ist unbestechlich.

Bildhafte Vorstellung

Was immer wir in rechter Weise von Gott erbitten, sollten wir deutlich bildhaft vor uns sehen.

Tepperwein sagt:

»Sobald der Bittende das Vorstellungsbild des erwünschten Endzustandes geschaffen und ihm bis ins Detail genügend Festigkeit gegeben hat, sollte er sein Werk dem ewigen Schöpfungswillen übergeben, seinen Willen in den Schöpfungswillen einfließen lassen und darum bitten, daß das Richtige geschehen möge ...«

Steht unser Wunschbild im Einklang mit der Schöpfung, so ist es praktisch bereits erfüllt. Es kann nur eine Weile dauern, bis es sich auch auf der materiellen Ebene realisiert.

Dank, Freude und Glück

Auf jeden Fall sind wir sicher, daß wir erhört worden sind.

Danken wir Gott innig für die Erfüllung unserer Bitte, und lassen wir uns dabei von Freude und Glück durchströmen.

Damit ist das »Wie« des Betens klar umrissen. Die nächste Frage, die sich uns stellt, lautet:

Wann und wo sollen wir beten?

Wann und wo beten?

Die Antwort ist einfach:

Da Gott in uns ist, ist Er immer und überall für uns erreichbar.

Wir können also beten, wann und wo immer wir wollen – zu jeder Zeit, an jedem Ort.

Nehmen wir uns aber täglich Zeit dafür, und erkennen wir mit Tepperwein, »... daß zum geistigen Wachstum Ordnung und Disziplin gehören«.

Anleitung und Hinweise zur Übungspraxis

Die Hingabe an Gott im Gebet ist eine Fähigkeit, die nur uns Menschen gegeben ist. Lassen wir sie nicht verkümmern, sondern vertiefen wir sie in jeder Minute unseres Seins.

Übung zum richtigen Beten

Übung: richtiges Beten

Wenden wir uns mit eigenen, innigen Worten an Gott.
(Trachten wir jedoch, mit unseren Wünschen stets im Einklang mit der Schöpfung zu sein.)
Tragen wir Gott unsere Bitte vor.
Seien wir dabei erfüllt von dem unabdingbaren Glauben und tiefen Vertrauen, daß unser Gebet Erfüllung finden wird (und im geistigen Bereich bereits Erfüllung gefunden hat).
Schaffen wir durch diese Einstellung in unserem Innern die Grundlage zur Verwirklichung im Äußeren, und schließen wir uns völlig auf.
Meinen wir jedes Wort unseres Gebetes ernst, und seien wir Gott gegenüber immer aufrichtig.
Lassen wir den Endzustand unseres Wunsches als bildhafte Vorstellung vor unserem geistigen Auge entstehen, und übergeben wir dieses Bild vertrauensvoll Gott.
Seien wir erfüllt von der Gewißheit, erhört worden zu sein.
Danken wir Gott innig dafür, und empfinden wir dabei tiefe Freude und Glück.

(Verwenden wir auch für unsere Gebete die Gegenwartsform, und vermeiden wir Verneinungen!)

Wiederholen wir unsere Bitte mit Ausdauer und Zuversicht so lange, bis sich die Erfüllung auch auf materieller Ebene manifestiert.

Verzagen wir nicht, wenn Gott uns warten läßt. Er weiß, warum. Sobald die Zeit reif ist, werden wir erhalten, was wir brauchen.

In der Gewißheit zu empfangen, wenn wir in rechter Weise um etwas bitten, finden wir immer wieder Trost. Wir fassen Mut, denn wir wissen, daß wir nicht allein sind: Gott wacht mit gütiger Hand über uns.

3.2.2 Die sieben Schritte, wirksam zu beten (nach Kurt Tepperwein)

Wir haben uns bis jetzt allgemein mit den Grundsätzen des richtigen Betens befaßt.

Kurt Tepperwein hat darüber hinaus mit seinen sieben Schritten, wirksam zu beten, eine Art Leitfaden geschaffen, den wir im folgenden kurz skizzieren wollen:

Schritt 1: Die Vorbereitung

Wir haben vor, uns mit einem bestimmten Problem an Gott zu wenden;
vergegenwärtigen uns klar die Situation;
halten Einkehr in uns selbst und begeben uns in die Stille.
Wir bitten Gott um »innere Führung«, um das richtige Ziel zu wählen;
beseitigen alle Hindernisse durch Auflösen von

- unerwünschten negativen Gedanken, Bildern und Gefühlen (auch: Schuldgefühlen und mangelnden Selbstwertgefühlen),
- Sorgen und Ängsten sowie
- Erwartungen an andere (jeder wird akzeptiert, wie er ist!)

und lassen auch die Vergangenheit los.

Schritt 2: Die Verbindung

Wir lösen uns von unserem »kleinen Ich«, vergessen den Körper und den unerwünschten Zustand;

sind mit uns und der Welt in Harmonie und empfinden einen tiefen Frieden;
wenden uns voll Hingabe Gott zu und erwachen zur wahren Wirklichkeit, indem wir Seine Allgegenwart verspüren;
übergeben Ihm vertrauensvoll das Bild vom erwünschten Endzustand
und fühlen uns wert, die Erfüllung in Empfang zu nehmen.

Schritt 3: Die Übereinstimmung, die Vereinigung

Das im Gebet gesprochene Wort ist der Ausdruck der Harmonie von Gottes Willen und unserem Willen.
Je mehr sich unser Bewußtsein erweitert,
- um so machtvoller werden unsere Gedanken,
- um so leichter und schneller tritt die Erfüllung in Erscheinung,
- um so größer wird aber auch unsere Verantwortung.

Wir erkennen immer klarer unseren Weg und achten darauf, daß jeder unserer Schritte
- mit den göttlichen Gesetzen übereinstimmt und
- wirklich zum Ziel führt;

sehen uns bereits in der Erfüllung,
- nehmen wahr, wie wir uns dabei fühlen und verhalten,
- bestimmen aber nicht, wie diese Erfüllung aussehen soll,

  vermeiden damit Eigenwilligkeit (die doch nur Schicksal nach sich zieht) und bleiben so in Harmonie mit der Schöpfung.

Unser Gebet ist von der Erkenntnis geprägt, daß wir von unserem wahren Wesen her vollkommen sind und eins mit Gott.

Schritt 4: Der Glaube

Wir wissen, daß wir nur so viel an Erfüllung erhalten, wie wir durch unseren Glauben annehmen können,

und glauben daher mit absoluter Gewißheit an die Erfüllung unserer Bitte.

Schritt 5: Selbst beitragen

Was Gott für uns tun will, kann Er nur durch uns tun. Beten und arbeiten gehören zusammen.

Deshalb tragen wir auf unserer Ebene alles Erforderliche dazu bei, um das erwünschte Ergebnis zu ermöglichen.

Schritt 6: Das Danken

Die Erfüllung kann sich erst dann ganz manifestieren, wenn wir sie voll bejahen.

Durch unsere Dankbarkeit zeigen wir, daß wir wirklich glauben und der Erfüllung gewiß sind.

Wir erkennen aber auch, daß alles, was geschieht, zu unserem Besten dient,

- bejahen daher die Erfüllung auch dann dankbar, wenn sie nicht unseren Vorstellungen entspricht,
- vertrauen darauf, daß wir das bekommen, was wir brauchen (was aber nicht immer identisch sein muß mit dem, was wir haben wollen).

Schritt 7: Das Wiederholen

Die Wiederholung eines Gebetes zeugt keineswegs von mangelndem Glauben, sondern stellt vielmehr Beharrlichkeit im Glauben dar.

Wir wiederholen unser Gebet wenigstens einmal täglich und wenden uns dabei in stillem Frieden und Dankbarkeit Gott zu.

Solange wir noch Wünsche haben, wiederholen wir auf diese Weise alle unsere Gebete, bis schließlich nur mehr ein Wunsch übrigbleibt: eins zu sein mit dem Vater.

4 Die Meditation

Was ist Meditation?

Definition: Meditation

Meditation ist eine vertiefte Form der Versenkung, in der wir über einen Zustand hoher geistiger Aktivität in Form von Konzentration zur restlosen Auflösung des Ich-Bezuges gelangen und uns schließlich völlig in einem Objekt oder einem Gedanken verlieren. Wir dringen tief in unser Innerstes vor – bis zu dem, was bisher verschüttet war: nämlich zu unserem eigentlichen Selbst. Wir erkennen unsere Zugehörigkeit zum unendlichen Universum, erspüren, daß wir ein Teil der Schöpfung sind, verlieren unsere Ängste und empfinden ein herrliches Gefühl der Geborgenheit, indem wir die Tiefe des Heils und der Gnade Gottes ermessen.

Meditation ist ein Weg der Besinnung und Selbsterkenntnis, auf dem wir die in uns liegenden Kräfte nicht nur erfahren, sondern auch nützen. Dadurch gelangen wir zu Gesundheit, Lebenskraft und Inspiration und gewinnen eine klare Sicht, wie wir die Aufgaben unseres Lebens besser bewältigen und die uns gesteckten Ziele schneller erreichen können. All unser Tun wird von heiterer Zuversicht getragen.

In der Meditation werden Kräfte des Kosmos in uns lebendig. Wir lernen die genialen Möglichkeiten unseres Unterbewußtseins zu aktivieren und können zum Schöpfer großartiger Taten werden.

Letztes und eigentliches Ziel aber ist die Vollendung, in der wir uns mit dem Göttlichen in uns vereinen.

4.1 Die Meditation allgemein

Uns Menschen ist die Fähigkeit zur Meditation von Natur aus gegeben. Sie ist allerdings bei vielen von uns »verkümmert«, muß also neu entwickelt werden. Das bedeutet harte Arbeit am Selbst, die absolute Konzentration, Hingabe und vor allem Ausdauer erfordert, denn auch hier gelangen wir nur durch intensives, kontinuierliches Üben zum Erfolg.

Der Erfolg hängt aber auch ab von

- der Wahl des Ortes, des Zeitpunktes, der Kleidung, der Meditationsstellung
- der richtigen Atmung
- einer weitgehenden Entspannung
- *dem Meditationsinhalt*

4.1.1 Der Meditationsort

Ruhig, ungestört

Wählen wir einen ruhigen Raum, in dem wir möglichst ungestört sind. (Es sollte sich darin kein Telefon befinden, und es sollte auch kein Durchgangszimmer sein.)

Der Platz, den wir einnehmen, sollte so liegen, daß

Blickrichtung nach Norden

wir mit Blickrichtung nach Norden meditieren können. Der Norden ist nämlich die Richtung der magnetischen Erdachse und vermittelt uns eine Verbindung zur kosmischen Energie.

4.1.2 Der Meditationszeitpunkt

Täglich zur gleichen Stunde

Meditieren wir täglich möglichst zur gleichen Stunde. Jeder von uns befindet sich mindestens zweimal am Tag im Alpha-Zustand*:

– morgens, unmittelbar nach dem Aufwachen, und
– abends, vor dem Einschlafen.

Aus der Sicht der westlichen Meditationspraxis ist diese tiefentspannte Situation zum Einstieg in die Mysterie wunderbar geeignet.

(Allerdings besteht – vor allem abends, wenn wir bereits müde sind – die Gefahr, daß wir während der Meditation aus dem tiefentspannten Zustand der Alpha-Ebene in den Schlaf hinübergleiten. Wir nehmen dann zwar die positive Zielrichtung der Meditation in den Schlaf mit, die von unserem Unterbewußtsein weiterverarbeitet wird, doch von Meditation im eigentlichen Sinne des Wortes können wir nicht mehr sprechen. Wir haben in so einem Fall lediglich eine Vorstufe erreicht.

* Alpha-Zustand = siehe Abschnitt 2.6.3 »Das Alphatraining«, Seite 74.

Das spirituelle Ziel – nämlich in einen Zustand der »Überwachheit« zu gelangen, der uns über die Grenzen des rationalen Denkens hinausführen soll, um die volle Wahrheit zu erkennen und eins zu werden mit Gott – haben wir jedoch verfehlt.

Deshalb wird in strengen östlichen Schulen das Einschlafen während der Meditation als schwerer Verstoß gewertet.

Zumindest aber empfehlen die östlichen Meister, in übermüdetem Zustand vor allem auf hohe Meditationstechniken zu verzichten, weil eine Meditation, bei der man einschläft, dem Übenden keinen spirituellen Fortschritt bringt.)

4.1.3 Die Kleidung

Bequem, natürliche Faser

Unsere Kleidung sollte nicht beengen und möglichst aus natürlicher Faser gearbeitet sein, um eine ungehinderte Hautatmung und die zum Teil ebenfalls durch die Haut erfolgende Aufnahme kosmischer Energien zu gewährleisten.

4.1.4 Die Meditationsstellungen

Formen der Meditationsstellungen

Wirbelsäule gerade

In der westlichen Meditationspraxis werden die Übungen entweder
- liegend,
- sitzend oder
- stehend

ausgeführt, wobei die Wirbelsäule immer gerade sein

muß, um das Fließen einer kosmischen Energie* in unserem Körper nicht zu behindern.

Auch empfehlen viele westliche Lehrer ausdrücklich, die Beine nicht zu kreuzen.**

Das steht allerdings im Widerspruch zur östlichen Meditationspraxis, die für die Übungen sogenannte gebundene Sitzhaltungen vorsieht, bei denen die Beine gekreuzt sind.

Klassische östliche Meditationsstellungen

Zu diesen klassischen östlichen Meditationsstellungen*** gehören:

Sukhasana, der »einfache Sitz« (bei uns auch: »Schneidersitz«)

* Kosmische Energie = Näheres siehe Abschnitt 4.1.5 »Die Atmung«, Seite 128, und Abschnitt 4.2 »Meditation und Yoga«, Seite 147.

** José Silva, der geistige Vater des Alphatrainings, ist einer der wenigen, die gegen das Kreuzen der Beine nichts einzuwenden haben.

*** Die Graphiken stammen aus den Übungskarten zur Seminarunterlage »Das Hatha-Yoga-Seminar« von Karin Rudolf.

Yajnavalkya-Sitz, der »burmesische Sitz«

Siddhasana, der »Meistersitz« oder »Sitz der Eingeweihten«

Ardha Padmasana, der »halbe Lotossitz«

Padmasana, der »Lotossitz«

Vajrasana, der »Fersensitz« (auch: »Diamantsitz«)

Selbst bei diesem relativ einfachen Sitz sind in der klassischen Ausführung zumindest die Vorderfüße kreuzweise übereinandergelegt.

Vorteile gebundener Stellungen

Der »burmesische Sitz«, der »Meistersitz«, vor allem aber die beiden Formen des »Lotossitzes« geben dem Übenden das Gefühl der Sicherheit und Festigkeit. Man kann in diesen Sitzhaltungen nur nach vorne sinken, aber nicht umfallen.

Außerdem fördert die gebundene Form des Sitzes

die Durchblutung des Kopfes, die auf die Meditation einen günstigen Einfluß hat.

Durch die Kreuzung der Beine werden die positiven und negativen Energieströme im Körper geschlossen, was im Pol-Gegenpol-Prinzip eine entspannende und zugleich neutralisierende Wirkung haben soll.

Anleitung und Hinweise zur Übungspraxis

Wir müssen herausfinden, welche Meditationsstellung für uns am geeignetsten ist. Wählen wir sie unter dem Gesichtspunkt aus, daß wir sie für die Dauer der gesamten Meditation beibehalten müssen. Machen wir es uns aber nicht zu leicht.

Einnahme der liegenden Haltung

Gefahr des Einschlafens

Die liegende Haltung ist zweifellos die angenehmste. Sie birgt aber in erhöhtem Maße die Gefahr des Einschlafens in sich.

(Daher wird in der östlichen Yoga-Praxis nie liegend meditiert.)

Auch wir sollten für unsere Übungen nur dann die liegende Haltung einnehmen, wenn zwingende Gründe dafür bestehen.

Unterlage: hart

Die Unterlage sollte mit Rücksicht darauf, daß die Wirbelsäule geradezuhalten ist, möglichst hart sein.

Rückenlage

Ähnlich wie beim autogenen Training wird in Rükkenlage geübt.

Wir achten jedoch darauf, daß unsere Handflächen nach oben gedreht sind, weil wir durch sie jene kosmische Energie* aufnehmen, auf die wir später noch genauer eingehen werden.

Da die optimale Einnahme und Beibehaltung einer Stellung für den Meditationserfolg mit entscheidend

* Kosmische Energie – Näheres siehe Abschnitt 4.1.5 »Die Atmung«, Seite 128, und Abschnitt 4.2 »Meditation und Yoga«, Seite 147.

ist, sollten wir uns die nachstehenden Anweisungen gut einprägen:

Nehmen wir Rückenlage ein:
– die Beine sind leicht gegrätscht,
– die Arme ruhen locker neben dem Körper,
– die Handflächen sind nach oben gedreht.
– Die Schultern sind völlig entspannt.
– Das Kinn ist eine Spur angezogen, so daß auch im Liegen Kopf, Nacken und Rücken eine Linie bilden.
– Die Augen sind geschlossen.
Erspüren wir die Unterlage, die uns trägt und eine innige Verbindung zur »Mutter Erde« darstellt. Fühlen wir uns gleichzeitig in Harmonie mit dem All.

Übung: Einnahme der liegenden Haltung

Einnahme der sitzenden Haltung

Die klassischen östlichen Sitzhaltungen sind für den Europäer meistens nur dann praktikabel, wenn er durch eine intensive Körperschulung – wie sie beispielsweise im System des Hatha-Yoga verankert ist – darauf vorbereitet wird. Deshalb wollen wir auf die Techniken zur Einnahme dieser gebundenen Meditationsstellungen hier nicht näher eingehen.

Prinzipiell ist aber eine sitzende Haltung der liegenden unbedingt vorzuziehen, weil unser Oberkörper dabei aufrecht ist und wir nicht so leicht ins nutzlose »Dösen« kommen.

Sitzende Haltung: besser als liegen

Für die sitzende Haltung eignet sich am besten ein einfacher Stuhl oder ein Hocker.

Stuhl, Hocker

Wir sollten uns möglichst nicht anlehnen, sondern frei sitzen.

Oberkörper aufrecht

Unser Oberkörper wird – im Gegensatz zur Droschkenkutscherhaltung des autogenen Trainings – entspannt aufrecht gehalten. Achten wir darauf, daß dabei unser Kopf, Nacken und Rücken eine Linie bilden.

Schultern locker

Unsere Schultern sollen locker und entspannt sein und dürfen eine Spur nach vorne sinken. Der Rücken muß dabei aber unbedingt gerade bleiben, damit die kosmische Energie* ungehindert unsere Wirbelsäule auf- und niedersteigen kann.

Unsere Hände lassen wir locker auf den Knien ruhen. (Die Handflächen können wir dabei auch nach oben drehen.)

Ehe wir mit der eigentlichen Übung beginnen, vergegenwärtigen wir uns noch einmal genau die Details, auf die zu achten ist.

Übung: Einnahme der sitzenden Haltung

Wählen wir einen harten Stuhl oder einen Hocker. Sitzen wir entspannt aufrecht, ohne uns anzulehnen.

- **Kopf, Nacken und Rücken bilden eine Linie.**
- **Die Schultern sind völlig entspannt.**
- **Die Hände ruhen locker auf den Knien. (Die Handflächen können auch nach oben gedreht werden.)**
- **Die Füße stehen leicht gegrätscht nebeneinander auf dem Boden.**
- **Unsere Augen sind geschlossen.**

* Näheres siehe Abschnitt 4.1.5 »Die Atmung«, Seite 128, und Abschnitt 4.2 »Meditation und Yoga«, Seite 147.

Erspüren wir mit den Füßen den sicheren, festen Kontakt zum Boden – und damit zur »Mutter Erde«.
Fühlen wir uns vom Scheitel aus durch einen unsichtbaren Faden mit dem Kosmos verbunden, und wissen wir uns dadurch eins mit dem All.

Einnahme der stehenden Haltung

Die stehende Haltung wird meistens in der Kirche aus dem innigen Gebet heraus praktiziert, das in die Meditation* übergeht.

Die Details zur Einnahme der stehenden Haltung ergeben sich im wesentlichen aus dem schon zur sitzenden Haltung Gesagten:

Übung: Einnahme der stehenden Haltung

Wir stehen entspannt aufrecht.
– Kopf, Nacken und Rücken bilden eine Linie.
– Die Schultern sind völlig entspannt.
– Die Füße stehen nebeneinander.
– Die Augen können geschlossen oder mit tiefer Andacht auf ein religiöses Objekt gerichtet sein.

Mit den Füßen erspüren wir den innigen Kontakt zum Boden – und damit zur »Mutter Erde«.
Vom Scheitel aus fühlen wir uns wie durch einen unsichtbaren kosmischen Faden mit dem All verbunden und sind uns dadurch der Nähe Gottes und seiner Alliebe bewußter denn je.

* Siehe Abschnitt 4.3 »Die christliche Meditation«, Seite 155.

4.1.5 Die Atmung

Die richtige Atmung ist ein untrennbarer Bestandteil einer erfolgreichen Meditationspraxis. Mit dem Einatmen nehmen wir nämlich am intensivsten jene kosmische Energie auf, die im Yoga *Prana* genannt wird und als Urlebenskraft schlechthin den gesamten Kosmos und damit auch unseren Körper durchfließt. Ist der Energiefluß in unserem Körper gestört oder nehmen wir durch eine falsche Atemweise nicht genügend kosmische Energie auf, so zieht das zwangsläufig Krankheit nach sich.

Richtiges Atmen ist aber nicht nur für unsere Gesundheit von Bedeutung. Durch Kontrolle und bewußte Lenkung dieser kosmischen Energie entwikkeln wir vor allem spirituelle Kraft.

Anleitung und Hinweise zur Übungspraxis

Schrittweise aufbauen

Entscheidend ist, daß wir bei der Atempraxis schrittweise vorgehen. Die richtige Atmung muß behutsam aufgebaut werden. Versuchen wir nie, etwas zu erzwingen. Falscher Ehrgeiz wäre hier fehl am Platz.

Atembeobachtung

Zunächst müssen wir einmal lernen, es atmen zu lassen, indem wir unseren natürlichen Atemimpulsen folgen, die automatisch vom vegetativen Nervensystem und von unserem Atemzentrum (das sich im verlängerten Rückenmark befindet) gesteuert werden.

Dazu bedienen wir uns der Atembeobachtung, in der wir – völlig passiv, also ohne unseren Atem zu stören – erfahren, wie es atmet.

Übung: Atembeobachtung

Nehmen wir die für uns geeignete Meditationsstellung ein.
Atmen wir durch die Nase gründlich aus (um unsere Lunge von verbrauchter Restluft zu reinigen).
Lassen wir es dann zwanglos weiteratmen:

- **Bleiben wir dabei völlig passiv.**
- **Beobachten wir unseren Atem lediglich.**
- **Spüren wir deutlich, wie er durch die Nase ein- und durch die Nase wieder ausströmt.**
- **Greifen wir keinesfalls in unseren natürlichen Atemrhythmus ein,**
- **sondern erfahren wir, wie es atmet.**

Wiederholen wir diese Übung konsequent einige Wochen lang.

Bauchatmung

Haben wir durch intensive Atemkontrolle unser Atembewußtsein geweckt, können wir zur Bauchatmung übergehen.

Einatmung: Heben der Bauchdecke
Ausatmung: Senken der Bauchdecke

Auch bei dieser Übung sind und bleiben wir passive Beobachter, die erfahren, wie sich die Bauchdecke beim Einatmen hebt und beim Ausatmen senkt.

Entscheidend ist, daß das Heben und Senken der Bauchdecke ganz von selbst geschieht und nicht etwa durch einen Willensakt von uns beeinflußt wird.

Erste Übungen – liegend

Dieses beobachtende Geschehenlassen wird uns leichterfallen, wenn wir die ersten Übungen in liegender Stellung vornehmen.

Übung: Bauchatmung

Nehmen wir Rückenlage ein.
Legen wir die Hände locker auf die Bauchdecke:
- **Die Hände sollen sich dabei nicht berühren.**
- **Die Fingerspitzen sind leicht gespreizt.**
  Atmen wir durch die Nase gründlich aus.
  Lassen wir es dann zwanglos weiteratmen:
- **Beobachten wir, wie unser Atem durch die Nase ein- und ausströmt.**
- **Spüren wir dabei deutlich, wie sich unsere Bauchdecke beim Einatmen hebt und beim Ausatmen senkt.**
- **Bleiben wir dabei völlig passiv.**
  Lassen wir das Heben und Senken auf natürliche Weise geschehen.

Stören wir es nicht, und forcieren wir es auf keinen Fall durch einen Willensakt.

Es kann sein, daß unsere Bauchatmung anfangs noch flach ist. Geben wir aber nicht auf. Das Heben und Senken der Bauchdecke wird von Mal zu Mal deutlicher spürbar sein.

Sobald wir die ersten Erfolge verzeichnen können, nehmen wir die weiteren Übungen sitzend oder stehend vor.

Weitere Übungen: sitzend oder stehend

Die Beherrschung der Bauchatmung ist eine Voraussetzung für die Volltiefatmung, die

Hinweis: Volltiefatmung

- die Bauchatmung (untere Atmung)
- die Brustatmung (mittlere Atmung)
- die Schlüsselbeinatmung (obere Atmung)

als ein aufeinander aufbauendes Ganzes umfaßt.

Da falsch praktizierte Atemübungen gesundheitliche Schäden nach sich ziehen können, ist das Erlernen der Volltiefatmung unter Anleitung und Kontrolle eines kundigen Lehrers zu empfehlen.

Atmung im richtigen Verhältnis

Wenn wir es atmen lassen, werden wir beobachten, daß nach der Einatmung und nach der Ausatmung jeweils eine natürliche Atempause eintritt. Unser Atemzyklus besteht somit aus
der Einatmung,
der Atempause in der Fülle,
der Ausatmung und
der Atempause in der Leere.

Atemzyklus

Das zwanglose Verweilen in diesen Pausen führt uns in immer tiefere Schichten unseres Bewußtseins und bereitet uns damit optimal auf die Meditation vor.

Bei einer gesunden, natürlichen Atemweise stehen die Ein- und Ausatmung zueinander in einem Verhältnis von 1 : 2. Die Ausatmung sollte demnach doppelt so lang sein wie die Einatmung.

Atemverhältnis 1 : 2

Bei den Übungen wenden wir die Bauchatmung an und richten unsere entspannte Aufmerksamkeit vor allem auf die Ausatmung, die bei vielen von uns eine Schwachstelle darstellt.

Aufmerksamkeit auf Ausatmung

(Es wird meistens nicht gründlich genug ausgeatmet, wodurch verbrauchte Restluft in der Lunge verbleibt und danach nicht optimal eingeatmet werden kann.)

Übung : Atmung im richtigen Verhältnis

Beginnen wir im Verhältnis 3 : 6.
Nehmen wir unsere Meditationsstellung ein.
Atmen wir zunächst gründlich durch die Nase aus.
Atmen wir dann, bis 3 zählend, durch die Nase ein.
Seien wir uns dabei bewußt, daß wir mit dem Einatmen kosmische Energie in uns aufnehmen.
Verharren wir zwanglos in der Atempause der Fülle, und
spüren wir, wie uns diese Energie als angenehmer Wärmestrom durchfließt.
Warten wir den Ausatemimpuls ab.
Atmen wir, bis 6 zählend, durch die Nase aus.
Stellen wir uns dabei vor, daß wir uns mit der Ausatmung von allen physischen, psychischen und geistigen »Schlacken« reinigen.

Verharren wir zwanglos in der Atempause der Leere.
Warten wir den Einatemimpuls ab.

Mit der Einatmung beginnt ein neuer Atemzyklus. Erstrecken wir die Übungsdauer auf etwa 20 Atemzyklen.

Bleiben wir ein bis zwei Wochen lang beim Verhältnis 3 : 6.

Üben wir dann im Verhältnis 4 : 8 weiter.

Behutsame Steigerung der Verhältniszahlen

Nach einigen Wochen können wir behutsam auf 5 : 10 steigern.

Bitte beachten:

Erzwingen wir aber nichts!

Eine falsche, forcierte Atemweise kann uns nämlich mehr schaden als nützen.

Bei regelmäßiger, geduldiger Übungspraxis werden wir das Strömen der kosmischen Energie immer intensiver verspüren und sehr viel Kraft daraus schöpfen.

Körperhaltung: aufrecht

Da diese Energie aber nur dann ungehindert in uns fließen kann, wenn unser Oberkörper aufrecht ist, sind auch für Atemübungen sitzende oder stehende Stellungen der liegenden vorzuziehen. (Liegend sollte nur zur Überwindung von Anfangsschwierigkeiten geübt werden!)

4.1.6 Die Entspannung in der Meditationspraxis

Wechselbeziehung: Atmung – Entspannung

Zwischen Atmung und Entspannung besteht eine Wechselbeziehung:

Ohne richtige Atmung keine Entspannung!
Ohne Entspannung keine richtige Atmung!

Daher tritt für den Geübten die Entspannung automatisch mit der bewußten Hinwendung der gesamten Aufmerksamkeit auf den Atem ein.

Auch wir werden sehr bald die Erfahrung machen, daß sich unsere physischen, psychischen und geistigen Anspannungen mit jedem bewußten Atemzug mehr und mehr lösen. Es dauert nur seine Zeit und bedarf einer Übung von mehreren Wochen.

Anleitung und Hinweise zur Übungspraxis

Um in den als Ausgangsbasis so wichtigen Zustand der Tiefentspannung zu gelangen, können wir am Anfang
– die Farbimagination des Alphatrainings*
oder
– eine systematische Muskelentspannung
zu Hilfe nehmen.

Muskelentspannung

Bei der Muskelentspannung beginnen wir mit den Füßen und gehen dann systematisch von unten nach oben, bis jeder Muskel unseres Körpers entspannt ist.

Hartnäckige Anspannungen versuchen wir zu lösen, indem wir die Kraft unseres Aus- und Einatmens konzentriert auf die verspannte Körperstelle hinlenken.

Übung: Muskelentspannung

Nehmen wir unsere Meditationsstellung ein.
Lassen wir es eine Zeitlang ruhig und gelöst durch die Nase ein- und ausatmen.
Gehen wir nun daran, systematisch unsere gesamte Muskulatur zu entspannen.
Vollziehen wir diese Entspannung auch mental, indem wir uns Stück für Stück von unserem Körper lösen.
Entspannen wir
– unsere Füße,
– unsere Knöchel,
– unsere Waden,

* Siehe Seite 79.

– unsere Kniekehlen und unsere Oberschenkel.
Entspannen wir
– unser Gesäß und unsere Hüften.
Tasten wir uns Wirbel für Wirbel den Rücken entlang hoch, und entspannen wir
– den unteren Teil des Rückens,
– den mittleren Teil und den oberen Teil.
Entspannen wir
– die Schulterblätter.
Entspannen wir
– die Bauchdecke,
– den Bereich des Solarplexus und den Brustkorb.
Entspannen wir
– die Hände,
– die Handgelenke,
– die Unterarme,
– die Ellbogenbeugen und die Oberarme.
Entspannen wir
– die Schultern,
– den Nacken und die Halsmuskulatur.
Entspannen wir
– das Kinn,
– die Gesichtsmuskulatur und die Kopfhaut.

Wenden wir uns jetzt wieder dem Atem zu, lösen wir uns mehr und mehr darin auf, und lassen wir uns in die Tiefe unseres Seins einsinken.

4.1.7 Der Meditationsinhalt

Haben wir die für uns geeignete Meditationsstellung gefunden und durch richtige Atmung und Entspannung das »Loslassen von innen her« eine Weile geübt, können wir einen Schritt weitergehen und uns bestimmten Meditationsinhalten zuwenden.

Meditationsinhalt kann u. a. sein:

Beispiele für Meditationsinhalte

- ein Gefühl
  (z. B. das Entfalten und Verströmen der Liebe),
- ein Gedanke
  (z. B. ein bestimmtes Wort oder ein Satz),
- ein Symbol
  (z. B. das Kruzifix),
- ein reales oder imaginäres Objekt
  (z. B. eine Kerze, eine Blume)
  oder
- ein imaginäres Bild
  (z. B. eine Landschaft – etwa eine Wiese, ein See, das Meer).

Anleitung und Hinweise zur Übungspraxis

Wählen wir zunächst einfache Meditationsinhalte. Die kleinen Erfolge, die wir damit erzielen, machen uns Freude und geben uns Mut, unsere Meditationspraxis allmählich zu erweitern.

Meditative positive Bejahung

Unterschied zur bisherigen Übungspraxis

Das Grundprinzip des positiven Denkens ist uns durch die bereits absolvierten »Vorstufen zum Selbst« klar. Der Unterschied zu unseren bisherigen Übungen besteht jedoch darin, daß unsere aktive, konzentrierte Hinwendung zu einem bestimmten positiven Gedanken mit Eintritt in die Bewußtseinsebene der Meditation in ein passives Hinfließen dieses Gedankens zur göttlichen Liebe und Allkraft übergeht.

Das heißt:

Um in den überwachen Zustand der Meditation zu gelangen, ist ein aktives, konzentriertes Tun unbedingt erforderlich.

Sobald aber das Stadium der Meditation erreicht ist, geschieht es von selbst!

Als Einstieg in die Meditationspraxis eignet sich die positive Bejahung, die wir nicht tief genug in uns verankern können. Legen wir bereits am Abend den Grundstein dafür, und bejahen wir voll Liebe das, was am nächsten Tag auf uns zukommen wird.

Übung: meditative positive Bejahung

Nehmen wir unsere Meditationsstellung ein.

- **Spüren wir deutlich den innigen Kontakt mit dem Boden,**

– fühlen wir uns gleichzeitig in tiefer Harmonie mit dem All.

Beobachten wir eine Weile mit entspannter Aufmerksamkeit unseren Atem.
Lassen wir dabei von »innen her los«, und gleiten wir in immer tiefere Schichten unseres Bewußtseins.
Bringen wir auch unsere Gedanken zur Ruhe, indem wir uns voll und ganz auf einen Gedanken konzentrieren:
– denken wir Liebe,
– empfinden wir Liebe,
– verströmen wir Liebe.
– Bejahen wir liebend alles, was war, was ist und was sein wird.

Bejahen wir es im tiefen Vertrauen, daß alles, was ist, gut ist, so wie es ist.
– Wissen wir uns eingehüllt und getragen von einer allumfassenden Liebe in uns.
– Tauchen wir ein in sie, und verlieren wir uns völlig in ihr ...

Verweilen wir in dieser beglückenden Einheit unserer Liebe mit der Liebe Gottes, in der nichts mehr für uns zu tun übrigbleibt, weil es geschieht.
Lösen wir uns nach einer Weile behutsam, und kehren wir in das Hier und Jetzt zurück.
Atmen wir 3 × tief ein und aus.
– Empfinden wir beim Einatmen Dankbarkeit und Freude.

– Verströmen wir beim Ausatmen Liebe, und sind wir gewiß, daß uns dieses wunderbare Gefühl morgen den ganzen Tag begleiten wird.*

Beenden wir die Meditation.

Begeben wir uns zu Bett, und nehmen wir den Vorsatz mit in den Schlaf, am nächsten Morgen erfrischt und gestärkt zu erwachen und uns in Liebe allem und jedem zuzuwenden.

Wenn wir erwachen, fühlen wir uns erfrischt und gestärkt. Das Gefühl der Liebe schwingt so stark in uns, daß sich die Morgenmeditation fast von selbst »ergibt«.

Übung: meditative positive Bejahung – morgens

Wir begeben uns in die Stille.

Verweilen im Atem.

Entspannen uns.

Sinken ein in die Tiefe unseres Selbst.

Werden förmlich hingezogen zum Zentrum des Seins.

Tauchen neuerlich ein in das Wunder der Liebe in uns.

Spüren, wie es weit wird in uns und sich auftut in liebender Hinwendung für alles und jeden.

* Wenn wir unser Gefühl und unseren Vorsatz mit einer Formelbildung verbinden, müssen die Formeln Gegenwartscharakter haben.
Zum Beispiel:
»Dankbarkeit und Freude begleiten mich morgen den ganzen Tag!«
»Ich erwache morgen erfrischt und wende mich allem und jedem in Liebe zu!«
Auch solche Formeln repetieren sich mit Eintritt in die Bewußtseinsebene der Meditation wie von selbst.

Lassen es strömen.
Wissen uns eins mit dem, was der Tag uns bringen wird.
Wissen uns eins mit der Schöpferkraft.
Lösen schließlich die Meditation wieder auf und nehmen dieses Wissen voll Vertrauen und Dankbarkeit mit in den Tag.

Objektmeditation

Für die Objektmeditation gilt sinngemäß dasselbe wie für die meditative positive Bejahung. In unseren Imaginationsübungen haben wir kraft unseres Vorstellungsvermögens Bilder von Gegenständen oder Szenen ganz deutlich vor unserem inneren Auge gesehen.

Unterschied zur bisherigen Übungspraxis

Die Objektmeditation führt uns weiter. Die Bilder, die nun vor unserem geistigen Auge erscheinen, sind nicht mehr nur das Ergebnis aktiver Vorstellung, sondern steigen aus den tiefsten Schichten unseres Unterbewußtseins empor. Natürlich werden auch sie zunächst kraft unserer Gedanken aktiv geprägt. Durch die Schwingungen unseres Bewußtseins und durch unsere völlige Hingabe gestalten sie sich aber dann wie von selbst und sind von einer Lebendigkeit, wie wir sie uns stärker nicht vorstellen könnten. Sie stehen deutlich in allen Einzelheiten erkennbar, erspürbar vor uns, durchdringen uns – und wir durchdringen sie, bis sich unser Bewußtsein völlig in diesen Bildern auflöst.

Es empfiehlt sich auch hier, mit einfachen Objekten zu beginnen (z. B. mit einer Kerze oder einer Blume). Wählen wir als Meditationsinhalt unsere Lieblingsblume.

(Es kann allerdings sein, daß eine ganz andere Blume aus der Tiefe unseres Unterbewußtseins aufsteigt. Nehmen wir auch diese an!)

Übung: Erschaffung einer Blume

Begeben wir uns in die Stille der Meditation.
Beobachten wir unseren Atem, und entspannen wir uns dabei.
Richten wir nun unsere Gedankenkraft liebevoll auf unsere Lieblingsblume.
Erfahren wir, wie sie aus der Tiefe des Seins emporsteigt und vor unserem inneren Auge erscheint.
Betrachten wir sie voll Hingabe, und versuchen wir, sie in allen Einzelheiten zu erfassen.
Nehmen wir ihren Duft wahr, und lassen wir uns davon berauschen.
Versenken wir uns in sie ...
Eingetaucht in das Innere der Blume, erspüren wir

- die Wurzeln und das Erdreich, das sie umgibt,
- den Stengel und das Mark, das ihn durchzieht,
- die Blätter in ihrer saftigen Frische,
- die Blüte, die zur Sonne hin geöffnet ist und deren milde Strahlen auffängt.
- Wir erschauen das Blau des Himmels,
- fühlen das sanfte Wiegen im Wind,
- hören sein Rauschen und das Summen der Bienen ...

All dies erleben wir aus der Sicht der Blume, verschmelzen dabei inniglich mit ihr – werden selbst zur Blume.
Ein Gefühl der Glückseligkeit durchströmt uns.

Es ist ein Zustand ohne Gedanken und Worte,
eine erfüllte Leere,
eine klangvolle Stille,
in der wir einfließen in die unbegrenzte Weite des Alls, getragen von tiefem Frieden und Harmonie ...
Verweilen wir solange wie möglich darin.
Lösen wir uns schließlich behutsam,
und kehren wir in das Hier und Jetzt zurück.
Danken wir unserem Schöpfer für das, was wir erfahren durften.
Atmen wir dann mehrmals tief ein und aus, und beenden wir die Meditation.

Die Erfahrungen, die wir aus solchen Übungen gewinnen können, schenken uns eine erweiterte Sicht. Die Dinge, die sind, werden für uns klarer und überschaubarer. Und indem wir die Zusammenhänge in ihrem Ursprung erkennen, wächst in uns auch die Kraft, sie anzunehmen und uns in Liebe und Verständnis unseren Mitmenschen zuzuwenden.

Beide Übungen stellen eine Art Grundstufe zur Meditation dar. Sie bereiten uns auf höhere Techniken vor, denen uns eine gütige Vorsehung zuführen wird, sobald die Zeit reif dafür ist.

Meditation ist etwas Wunderschönes, Ergreifendes und Erhabenes. Nirgendwo finden wir einen solchen Frieden und eine solche Harmonie, nirgendwo schließen wir uns in Dankbarkeit so weit auf, nirgendwo sind wir Gott so nahe und fühlen uns Ihm so innig verbunden wie in der Tiefe unseres Seins während der Meditation.

Es lohnt sich daher, die anfänglichen Schwierigkeiten zu überwinden und auf dem Meditationspfad immer weiterzuschreiten.

4.2 Meditation und Yoga

Im Laufe von Jahrtausenden wurden die verschiedensten Yoga-Wege entwickelt. Im Westen am bekanntesten ist der *Hatha-Yoga*, der sich mit der Disziplinierung und Gesunderhaltung des Körpers befaßt. Deshalb wird der Begriff »Yoga« vielfach mit dem Kopfstand und einer Reihe weiterer für den Ungeübten recht schwierig anmutenden Körperübungen assoziiert. Doch diese Körperübungen allein sind noch lange nicht Yoga. Sie stellen lediglich einen Teil eines umfassenden Systems dar, dessen letztes und eigentliches Ziel die Vereinigung unseres Selbst mit dem göttlichen Selbst ist.

Definition: Yoga

Die Meditation nimmt daher in der Yoga-Praxis einen sehr breiten Raum ein.

Elemente der Yoga-Praxis

Daneben sind
- die Entwicklung einer entsprechenden Geisteshaltung (durch Charakterbildung, Läuterung und Selbstzucht),
- die – bereits erwähnte – Körperdisziplinierung und

– eine intensive Atemarbeit, die der Kontrolle und Beherrschung jener feinstofflichen Energie dient, die *Prana* genannt wird,

vorbereitende und unterstützende Elemente, die z. B. auch im *Raja-Yoga* enthalten sind.

Definition: Prana

Nach der Lehre des Yoga ist *Prana* die Lebenskraft schlechthin. Sie durchdringt den ganzen Kosmos, ist überall enthalten und manifestiert sich in allem, was ist und geschieht. Selbst unsere Gedanken sind eine Manifestation von *Prana*.

Wir nehmen diese kosmische Energie mit der Nahrung, durch die Haut (insbesondere durch die Haut der Handflächen und Fußsohlen), vor allem aber durch die Atmung auf.

Prana durchzieht auf astralen Bahnen *(nadi)* unseren feinstofflichen Körper, der – solange wir leben – in enger Wechselbeziehung zu unserem physischen Körper steht und sich erst im Zeitpunkt des Todes von ihm löst.

Gestörte *Prana*-Ströme wirken sich daher im Physischen durch Krankheitserscheinungen aus.

Dem Yogi geht es aber nicht allein um die Gesunderhaltung seines Körpers. Durch intensive Atemarbeit lernt er, diese feinstoffliche Energie in bestimmten *Prana*-Zentren *(chakra)* zu speichern und für spirituelle Zwecke zu nutzen.

4.2.1 Der Achtstufenpfad des Patanjali*

Der *Raja-Yoga,* der auch der »königliche Weg« genannt wird, fußt auf dem Yoga-Sutram des *Patanjali.*

Anhand der von *Patanjali* vorgenommenen achtstufigen Gliederung läßt sich die in immer höhere Bewußtseinsschichten führende Yoga-Arbeit sehr gut darstellen.

Die einzelnen Glieder des Achtstufenpfades sind:

Stufe:		Sie dient ...
1. *Yama*	Die fünf Enthaltsamkeiten	... der Charakterbildung, Läuterung und Selbstzucht
2. *Niyama*	Die fünf Obliegenheiten	
3. *Asana*	Körperhaltung und Körperübung	... der Disziplinierung des Körpers
4. *Pranayama*	Atemführung und *Prana*-Pflege	... der Kontrolle und Beherrschung der *Prana*-Energie

* *Patanjali* (2. Jh. v. Chr.) gilt als Verfasser des Yoga-Sutram, das auch seinen Namen trägt, aber nur teilweise aus seiner Feder stammt.

Stufe:		Sie dient ...
5. *Pratyahara*	Zurückziehung der Sinne	... der Ausschaltung der äußeren Wahrnehmung
6. *Dharana*	Konzentration	... der Disziplinierung der Gedanken
7. *Dyana*	Meditation	... der Bewußtseinserweiterung, die schließlich
8. *Samadhi*	Einswerdung mit Gott	zum Endziel führt.

Mit den vier letzten Stufen, die die spirituelle Arbeit zum Inhalt haben, wollen wir uns etwas näher auseinandersetzen.

Pratyahara

Ausschaltung der Sinneswahrnehmung

Das Zurückziehen der Sinne und die damit verbundene Ausschaltung der äußeren Wahrnehmung ist die erste Vorstufe zur eigentlichen Meditation.

In der Praxis bedeutet das, daß wir
unser Sehen,
unser Hören,
unser Riechen,
unser Schmecken und
unser Fühlen
nach innen richten.

Wir sehen, hören, riechen, schmecken und fühlen jetzt nur mehr imaginäre Dinge.

Hingegen werden uns z. B. Geräusche und Gerüche von außen oder Schmerzen, die zwangsläufig durch die klassischen gebundenen Sitzhaltungen nach einiger Zeit auftreten, nicht stören, weil sie unser Bewußtsein auf der Pratyahara-Stufe nicht erreichen.

Dharana

In der zweiten Vorstufe, die mit »Konzentration« übersetzt wird, gilt es, einen »Unruheherd in uns« auszuschalten: unsere Gedanken.

»Festbinden« unserer Gedanken auf einen Punkt

Ein indisches Sprichwort vergleicht unsere Gedanken mit einer Horde Affen, die wild umherspringen.

Wie treffend dieser Vergleich ist, wird uns ein Versuch beweisen.

Begeben wir uns doch einmal in die Stille und beobachten wir unsere Gedanken, und wir werden feststellen, daß sie tatsächlich »wild umherspringen«, wenn wir ihnen freien Lauf lassen.

Solange dieses Gedankenchaos in uns herrscht, ist eine echte Meditation unmöglich. Wir müssen also unsere Gedanken unter Kontrolle bringen, indem wir sie auf einen Punkt »festbinden«. Dazu richten wir unsere volle Konzentration auf einen Gedanken oder ein Objekt und schalten alle anderen Gedanken behutsam aus.

Übergang von »Konzentration« in Meditation

Diese beiden Vorstufen zur Meditation sind nur durch geduldiges, hingebungsvolles Üben zu meistern. Das aktive Bemühen, das sie erfordern, wird aber schließlich von einem passiven Hinfließen abgelöst. Wir gelangen damit in die nächsthöhere Stufe:

Dyana

Meditation

Der Übergang von *Dharana* (Konzentration) in *Dyana* (Meditation) vollzieht sich gleitend.

In dieser Stufe der tiefen Versenkung ist unser Denken nicht mehr durch unseren Willen gesteuert, sondern es geschieht aus uns selbst heraus, bis schließlich auch das passive Denken aufhört. Völlige Gedankenleere tritt ein. Wir gelangen dadurch in einen Zustand höheren Bewußtseins, der rational nicht mehr zu erfassen ist und als ekstatische Freude erlebt wird.

Samadhi

Endziel

Die Ekstase der Meditation führt in die letzte und höchste Stufe: *Samadhi.*

Es ist nur wenigen beschieden, diesen höchst mystischen Zustand zu erreichen, der mit »Überwachheit« umschrieben wird.

Man erkennt darin sein eigentliches unsterbliches Selbst (Atman), das sich mit dem höheren, göttlichen Selbst (Brahman) vereinigt.

Der Yoga unterscheidet *Samadhis* verschiedener Qualitäten. In der qualitativ höchsten Form ist das Ziel erreicht und der Kreislauf von Wiedergeburt und Tod* beendet.

4.2.2 Die Wortmeditation (Mantram)

Unter einem Mantra (auch: Mantram) ist eine Silbe, eine Silbenfolge oder ein kurzer, meistens nicht mehr als zwei Zeilen umfassender Sanskritvers zu verstehen, dem eine starke magische Kraft innewohnt.

Magische Kraft von Mantras

Als magischer Urton, dessen Schwingungen auf alles und jedes Einfluß haben und der – nach der Vedanta-Philosophie – seit Beginn der Welt besteht, gilt die Keimsilbe om (aum). So heißt es:

Magischer Urton: om (aum)

»Am Anfang war das Wort, und das Wort war om ...«

Die Mantras wurden jahrtausendelang streng geheimgehalten und werden auch heute noch nur im Rahmen einer Mantra-Einweihung vom Meister an den Schüler weitergegeben. Aufgabe des Meisters ist es dabei, verantwortlich das für den Schüler richtige Mantra auszuwählen, weil die Schwingungen der einzelnen Mantras nicht für jeden gleich gut geeignet sind.

Weitergabe von Mantras

Hat ein Schüler ein Mantra erhalten, beginnt ein langer, von Ausdauer und Hingabe geprägter Übungsweg:

* Wiedergeburt = siehe Kapitel 5 »Karma und Schicksal«, Seite 159.

Üben des Mantras

- Zuerst muß er das Mantra ein paar Wochen lang schreiben.
- Dann übt er es, indem er es halblaut wiederholt. Er bedient sich dazu einer japa-mala*, die unserem Rosenkranz vergleichbar ist.
- Später geht er dazu über, das Mantra im Geiste zu wiederholen, bis er schließlich so durchdrungen davon ist, daß es ganz von selbst beständig in ihm schwingt, ohne daß er es weiter üben muß.

Bedeutung: Mantra

Aus der Sicht dieser Übungspraxis ist das Wort mantra in seiner Bedeutung leichter zu verstehen. Es setzt sich aus *man* (manan = denken) und *tra* (Träger) zusammen.

Definition: Mantra

Das Mantra ist also ein Meditationswort (bzw. eine Wortfolge), dessen Kraft, die es in sich trägt, durch bewußtes hingebungsvolles Sprechen oder Denken entfaltet und schließlich aus sich heraus wirksam wird.

Es ist eine Art »Schutzwort«, das negative Einflüsse von außen abzuschirmen vermag. Da mit ihm vielfach bestimmte Gottheiten (z. B. Rama) angesprochen werden, erleichtert es gleichzeitig die Hinwendung zu Gott und führt in höhere Bewußtseinsebenen, in denen die göttliche Allmacht, Allerkenntnis und Allhaftigkeit als allumfassende Wahrheit erfahren werden.

* japa-mala = Meditationskette, deren 55 Glieder aus getrockneten Früchten bestehen oder aus Holz geschnitzt sind.

4.3 Die christliche Meditation

Viele Christen lehnen die Meditation an sich ab, praktizieren sie aber unbewußt am Platz ihres Gottesdienstes aus dem Gebet heraus.

Jedes innig gesprochene Gebet (das anfangs wohl von aktivem Bemühen begleitet ist) wird zur Wortmeditation, sobald es in eine völlige Hingabe an Gott übergeht, in der die Worte wie von selbst aus der tiefsten Tiefe unseres Seins kommen.

Der Effekt der Wortmeditation wird vor allem durch das Beten des Rosenkranzes erreicht. Bei jeder Perle, die wir zwischen die Finger nehmen, vergegenwärtigen wir uns den Inhalt des Gebetes ganz plastisch, gehen schließlich darin auf – werden eins mit ihm.

Ein Gebet, das in die Meditation übergeht, führt uns über die Grenzen unseres Bewußtseins hinaus, und wir erhalten nicht selten Antwort auf unsere Fragen. Die Erklärung dafür ist einfach. Schon Meister Eckehart sagte:

»Im Gebet sprechen wir mit Gott,
und in der Meditation spricht Gott mit uns.«

In der christlichen Praxis wird aber auch eine Meditation der Stille durchgeführt, in der wir Gottes Nähe in einer Intensität verspüren, die mit Worten nicht zu beschreiben ist.

Anleitung und Hinweise zur Übungspraxis

Mit der Anleitung zur Meditation in der Stille wollen wir unseren stufenweise aufgebauten Übungsplan beschließen:

Meditation der Stille

Übung: Meditation der Stille

Nehmen wir unsere Meditationshaltung ein.
Beobachten wir unseren Atem.
Entspannen wir uns dabei völlig, und sinken wir immer tiefer in uns ein.
Dringen wir bis zum Zentrum unseres wahren Selbst vor.
Verweilen wir dort, und danken wir Gott für seine Allgegenwart.
In der Stille, die uns umgibt,

- **erfahren wir die immerwährende Güte und Liebe Gottes,**
- **spüren wir, wie uns ein Impuls des Ewigen, Wahren und Unbeschreiblichen durchströmt,**
- **geben wir uns ganz dem Erleben der Gegenwart Gottes hin**
- **und wissen uns eins mit dem Vater.**

Daraus schöpfen wir Kraft.
Kehren wir nun gestärkt in den Alltag zurück, und gehen wir mit Freude und Liebe an unsere Arbeit und an unsere Aufgaben heran.

Die tiefen Erfahrungen in der Meditation stärken uns im Glauben. Und in der Gewißheit der göttlichen Gnade in uns gelingt uns alles bestens.

5 Karma und Schicksal

Karma, »das Geschaffene« – wie die Übersetzung dieses Sanskritwortes lautet –, ist die Folge des Gesetzes von Ursache und Wirkung.

Eine sehr klare Definition finden wir bei Toni Fredigotti:

»... Jeder Gedanke, jedes Gefühl und jede Tat ist eine Ursache, der eine entsprechende Wirkung folgt. Jede Wirkung entspricht in Qualität und Quantität der Ursache. Es gibt daher weder Zufall noch Belohnung oder Strafe, nur Ursache und Wirkung ...!«

Karma ist also das, was wir selbst in früheren und in diesem Leben bedingt haben.

Es ist der Inbegriff unseres Tuns, die Wirkung unserer Gedanken, das Ergebnis unserer Gefühle.

Die Summe des so »Geschaffenen« erfahren wir als Schicksal, das uns aber nicht von einer wohlwollenden oder zürnenden Gottheit auferlegt wird, sondern von uns selbst verursacht ist. Gott läßt es lediglich zu, damit wir daran wachsen.

So birgt ein hartes Schicksal zugleich eine große

Chance in sich, weil »... in den trübsten Erfahrungen das reinste Gold der Erkenntnis enthalten ...« ist. (Tepperwein)

Begreifen wir daher, daß alles, was uns je in einem irdischen Dasein widerfährt, nur zu unserem Besten ist. Nehmen wir es als Teil unseres Wesens an, denn wir haben es ja selbst bewirkt, und lösen wir die Aufgaben, die sich uns stellen.

Solange wir Ursachen setzen, müssen wir auf dieser Erde inkarnieren, um unser Karma zu erfüllen.

Trotzdem sind wir unserem Schicksal nicht hilflos ausgeliefert. Es liegt an uns, das Beste daraus zu machen. Wenn wir den Pfad der Einsicht beschreiten, die tiefen Zusammenhänge erfassen und die so gewonnenen Erkenntnisse sofort in die Tat umsetzen, lösen wir unser Karma allmählich auf. Das Gesetz der Gnade hilft uns dabei.

Jede Inkarnation ist somit ein Prozeß der Reifung und Läuterung, der der Auflösung der von uns karmisch gesetzten Ursachen dient.

Wir überwinden unsere Eigenwilligkeit und kommen schließlich so weit, daß wir voll Demut sagen:

»Ja, Herr, Dein Wille geschehe!«

Ab nun bewirken wir kein Karma mehr. Wir befinden uns auf dem Weg zur Vollendung, kehren zum Ausgangspunkt zurück und tauchen ein in die allumfassende Liebe Gottes.

Um dieses Ziel zu erreichen, setzen wir die uns innewohnenden Kräfte in Bewegung:

- Wir werfen die Fesseln der Gedanken und des immerwährenden Wollens ab,
- lösen uns von irdischen Zwängen, Wünschen und Vorstellungen,
- befreien unsere Seele aus dem Gefängnis der Eigenwilligkeit und des Karmas,
- fühlen uns von innen her völlig frei und
- lassen unser Geistwesen auf den Schwingen der höchsten Erkenntnis emporsteigen und Einkehr zur Erlösung finden.

Auch wenn dieses Ziel in schier unerreichbarer Ferne zu sein scheint, lohnt es sich dennoch, unverzagt darauf zuzugehen.

Nichts ist unmöglich. Alles liegt in uns. Alles Vergehen, Werden und Sein, alles Vergangene, Gegenwärtige und Zukünftige ruht in unserem Wesenskern. Das Urprinzip der Schöpfung ist Inhalt unseres wahren Selbst. Aus dieser Tatsache schöpfen wir Mut, Kraft und Freude, alles Vergangene zu verstehen, alles Gegenwärtige aufzulösen und alles Zukünftige positiv zu gestalten.

Literaturverzeichnis

K. O. Schmidt
In Harmonie mit dem Schicksal
(Drei-Eichen-Verlag)
Mehr Macht über Leib und Leben
(Drei-Eichen-Verlag)

E. Coué
Kraft durch Atmen (Drei-Eichen-Verlag)
Die Selbstbemeisterung durch bewußte Autosuggestion (Verlag Schwabe)

H. Th. Hamblin
Psycho-Dynamik (Drei-Eichen-Verlag)

Kurt Tepperwein
Die hohe Schule der Hypnose
Geistheilung durch sich selbst (Ariston-Verlag)

Dr. J. Murphy
Die Macht Ihres Unterbewußtseins
(Ariston-Verlag)

José Silva
Silva-Mind-Control (Heinrich-Schwab-Verlag)

Werner J. Meinhold
Spektrum der Hypnose (Ariston-Verlag)

Dr. E. Gross
Heilatmung für jeden (Gräfe + Unzer-Verlag)

Hans K. Wester
Mein System der Lebenskunst (Empor-Verlag)

Th. Dethlefsen
Schicksal als Chance (Goldmann-Verlag)

Kurt Tepperwein
Kraftquelle Mental-Training (Ariston-Verlag)

Erhard F. Freitag
Hilfe aus dem Unbewußten
Kraftzentrale Unterbewußtsein
(Goldmann-Verlag)

Dr. G. Krapf
Autogenes Training aus der Praxis
(J. F. Lehmanns-Verlag)

Dr. J. H. Schultz
Das autogene Training (Thieme-Verlag)

Dr. K. Thomas
Praxis der Selbsthypnose des Autogenen Trainings (Thieme-Verlag)

Johannes Itten
Kunst der Farbe (O. Maier-Verlag)

Bücher für positive Lebensgestaltung

Nichts ist der Ewigkeit so ähnlich wie das Gegenwärtige, wenn ich es nur zu erleben verstehe.

Marcel Jouhandeau

E. R. Carmin/M. Arminger

Das Buch vom Augenblick

Lebe hier und jetzt – oder Du lebst nie!

288 Seiten, gebunden, mit Schutzumschlag, Leseband

Dieses Buch ist eine Befreiung. Die Autoren gehen der Frage nach, weshalb Philosophen zum Schluß kommen, der Sinn des Lebens liege darin, Schwierigkeiten zu meistern, Aufgaben zu erfüllen und uns dem »Leid« des irdischen Daseins zu stellen.

»Das Buch vom Augenblick« macht uns bewußt, wie sehr wir uns von unserer freudlosen Kultur, von Leistung und Erfolg vereinnahmen lassen. Und wie viel wir verpassen, weil wir verlernt haben, die Freuden des Lebens voll auszukosten.

OESCH VERLAG
Klausstraße 10, CH-8008 Zürich

Erhältlich in Ihrer Buchhandlung.
Bitte verlangen Sie das kostenlose Gesamtverzeichnis
«Bücher für positive Lebensgestaltung»
direkt beim Verlag.